Lettres à Missy

Colette

Lettres à Missy

Texte établi et présenté par Samia Bordji
et Frédéric Maget

Flammarion

ISBN : 978-2-0812-2722-4

« L'amour, ce n'est pas un sentiment honorable... »

Colette, *La Naissance du jour*, 1928

Préface

À la mémoire d'Alain Brunet

À Michel Rémy-Bieth, en témoignage de reconnaissance

En 1905, Colette et Henry Gauthier-Villars, dit Willy, sont mariés depuis douze ans, et leur association littéraire est presque aussi ancienne. Tout pourrait continuer au gré de cet étrange *modus vivendi*, si un fossé ne s'était creusé entre eux, chaque jour plus large.

Le Cercle des arts et de la mode est un lieu haut en couleurs. L'enseigne abrite un restaurant où, après dîner, les clients sont invités à jeter leur argent sur le tapis de jeu. Joueur invétéré, Willy est un habitué des lieux. En compagnie de sa femme, il y côtoie le Tout-Paris de la Belle Époque : Sarah Bernhardt, Alfred Jarry, Rachilde et Alfred Vallette, Natalie Barney, Liane de Pougy. Un chroniqueur se souvient : « Il y eut des soirées brillantes. C'est au cours de l'une d'elles que la marquise de Morny et Mme Colette furent présentées l'une à l'autre, au grand amusement de Willy qui surveillait le baccara en faisant des mots[1]. » C'est en mars que se produit

1. Armory, *Cinquante ans de vie parisienne*, Éditions Jean-Renard, 1943, p. 55.

la rencontre, au cours d'un grand dîner organisé pour le lancement du *Damier*, une luxueuse revue publiée par les membres du club, avec la collaboration de Colette. Willy est amusé, c'est certain, il le sera encore plus de la publicité qui bientôt entourera la liaison de sa femme avec la marquise de Morny.

Sophie Mathilde Adèle Denise de Morny est née à Paris le 26 mai 1863. Son père, le duc de Morny, est le fils naturel que la reine Hortense, la femme de Louis Bonaparte, a eu avec le comte de Flahaut – lui-même le fruit d'une liaison illégitime, celle qu'entretint brièvement sa mère, Adélaïde de Flahaut, avec Talleyrand. Son nom fut choisi par sa grand-mère Flahaut parce qu'il évoquait le héros d'un roman célèbre[1]. Très tôt, le jeune dandy se fait appeler Auguste de Morny et orne son papier à lettres d'une couronne comtale et de deux M entrecroisés. Lancé en politique et dans les affaires sous la monarchie de Juillet, il se rapproche de son demi-frère Louis Napoléon Bonaparte sous la IIe République et participe activement au coup d'État du 2 décembre 1851. Homme de pouvoir sous le Second Empire, il se pique de littérature et se passionne pour la musique autant que pour les courses hippiques ; on lui doit l'hippodrome de Longchamp et la vogue de Deauville. Il devient une figure parisienne incontournable, connue pour son élégance et ses multiples conquêtes. On lui attribuera une nombreuse descendance illégitime, dont feraient partie Sarah Bernhardt et Georges

1. Marquis de l'Aubépine, *Les Revenants véritables, ou les Aventures du chevalier de Morny*, Barra, 1806.

Feydeau. Missy, sœur de la plus grande tragédienne française et de l'illustre auteur de vaudeville… Morny soit qui mal y pense !

Nommé ambassadeur à Saint-Pétersbourg en 1856, il y rencontre la princesse Sophie Troubetskoï, issue de la haute noblesse russe, et l'épouse. Quatre enfants naîtront de cette union : Marie, Charles Auguste, Serge et enfin Mathilde, surnommée Missy. Très tôt, Sophie de Morny voue une haine irraisonnée à sa dernière-née qu'elle humilie en l'appelant « le Tapir » à cause de son nez trop long. Morny, que Napoléon III a fait duc en 1862, s'éteint le 10 mars 1865, laissant femme et enfants dans l'affliction. Sophie sacrifie sa merveilleuse chevelure pour la répandre sur la tombe du bien-aimé disparu. Ce « geste divulgué à son de trompes gardait un air de sacrifice amoureux… “Eh, qu'on me fiche la paix avec le sacrifice de ma mère”, grommelait Mathilde dite Missy, la dernière fille du duc. “Pendant deux ans elle a embêté mon père pour qu'il lui permette de porter les cheveux courts, il le lui avait formellement interdit. Elle a trouvé le bon truc !”[1] » Après la mort du duc, Sophie épouse le duc de Sesto, doyen des Grands d'Espagne, gouverneur de Madrid, doyen des gentilshommes de la Chambre et sénateur à vie. Les enfants Morny grandiront à Madrid sous les brimades et les humiliations maternelles. Plus tard, Missy expliquera qu'il y avait « dans cette enfance sevrée de tendresse, dans l'indifférence maternelle, la

1. Propos rapportés par Colette dans *L'Étoile Vesper* (1946), *Œuvres*, Gallimard, coll. « Bibliothèque de la Pléiade », t. IV, p. 831-832.

cause de bien des dérèglements et de beaucoup d'étrangeté[1] ».

En 1881, la famille arrange le mariage de Mathilde avec un aristocrate normand, Jacques Godard, marquis de Belbeuf. Le marquis poussera la convenance jusqu'à accepter, un temps, les liaisons saphiques de son épouse. Ils se séparent au bout de quatre ans et divorcent en 1903. Grâce à son immense fortune, Missy vit désormais pleinement sa préférence sexuelle et décide surtout de vivre sa vie au masculin. Elle porte le cheveu court, le complet veston, chausse des bottes trop grandes qu'elle rembourre de papier journal, fume le cigare et se fait appeler Max ou oncle Max. Si le personnage commence par étonner et amuser, il va bientôt déranger au point d'apparaître comme un monstre.

La Belle Époque appartient aux belles hétaïres, aux demi-mondaines majestueuses et aux grandes amazones : Liane de Pougy, Hélène de Zuylen, Natalie Barney, Renée Vivien... qui toutes affichent ouvertement leur préférence. Mais jamais aucune de ces dames ne portera le travesti : c'est là une particularité que Missy partage avec les rares femmes qui osent braver l'interdiction qui leur est faite de porter le costume masculin. Méprisant toutes les conventions, Missy affirme sa virilité. Elle apparaît comme le modèle de *La Marquise de Sade* pour les uns, comme celui de *Méphistophéla*[2] pour les autres,

1. Cité par André de Fouquières, *Mon Paris et ses Parisiens*, Horay, 1953.

2. *La Marquise de Sade*, de Rachilde (1887) et *Méphistophéla*, de Catulle Mendès (1890).

héroïnes sinistres et inquiétantes de la littérature fin-de-siècle. Incapable de situer ce personnage inclassable, l'époque s'en tient à sa condamnation. Missy, sorte d'énigme mondaine et sociale de la Belle Époque, ouvre douloureusement la voie à la vaste question du genre et de l'identité sexuelle.

Elle a déjà défrayé la chronique mondaine en affichant une liaison tapageuse avec la princesse Poniatowska. On parle aussi de Liane de Pougy et d'Augusta Holmès. Mais lorsqu'elle rencontre Colette en mars 1905, elle va engager bien plus qu'une passade. « À la faveur d'insignes tels que le plastron à plis, col dur, parfois gilet, toujours pochette de soie, je fréquentais un monde qui périssait, en marge de tous les mondes [1] », écrira plus tard Colette. On sait néanmoins que de Sappho elle connaissait bien plus que les poèmes. Sa liaison avec l'Américaine Georgie Raoul-Duval a été le sujet de *Claudine en ménage* et sa relation avec Natalie Barney n'était pas secrète non plus. Mais ce n'est pas à une liaison passagère que Colette s'abandonne avec Missy, c'est à une nouvelle vie. À la fin de l'année 1905, elle prend des leçons de mime avec le grand Georges Wague et exerce ses talents dans des salons privés. Quelques mois plus tard, en février 1906, ont lieu ses débuts publics dans le mimodrame *Le Désir, la Chimère et l'Amour* de Francis de Croisset et Jean Nouguès. Au mois de novembre 1906, Colette quitte le domicile conjugal et s'installe dans un petit rez-de-chaussée de la rue de Villejust, mais le plus souvent on la trouve rue Georges-Ville chez Missy. De

1. *Le Pur et l'Impur* (1941), *Œuvres*, t. III, p. 591.

son côté, Willy emménage avec sa maîtresse, Meg Villars.

Malgré leur séparation, Colette et Willy conservent des relations cordiales et même des sentiments amoureux. En février 1907, Colette écrit ainsi à son mari : « Oui, je vous reconnaîtrais après un an d'absence. Je vous reconnaîtrai surtout quand vous voudrez bien être un vieux monsieur qui n'aura plus besoin autour de lui *d'aucune* "fille" équivoque, sauf d'une *amie* qui sera moi, et nulle autre[1]. » Et Missy ? « Missy n'en prendra pas ombrage, d'abord parce qu'il n'y aura pas de quoi, et ensuite parce que nous avons fait fausse route avec Missy, qui, maladivement scrupuleuse, s'inquiète des responsabilités entières, ou qu'elle croit telles, et qui ne s'effarouche pas de ce qu'on nomme généralement ménage à trois. »

De cet amour qu'elle vouait encore à son premier mari, Colette ne soufflera mot dans ses mémoires-vengeance que sont *Mes apprentissages* (1936). Pourtant, la rupture n'a pas été aussi rapide et définitive qu'elle le prétendra. Willy se trouve alors dans une situation financière critique. En temps voulu, Colette oubliera de dire que, pour la mettre à l'abri du besoin, il a l'idée de la placer dans les bras de la marquise. Le raisonnement peut paraître étrange, mais il témoigne des sentiments du mari à l'égard de sa femme. La question financière a donc été déterminante dans la séparation du couple : « Si la vie matérielle redevient meilleure, écrit Colette à Willy, redevient possible et à peu près assurée pour vous, chère Doucette[2], voici le coupable arrangement que

1. Lettre du 17 février 1907, collection Michel Rémy-Bieth.
2. Surnom de Willy.

je vous propose en secret : Revenez, revenez auprès de moi. [...] Et Missy, encore une fois, n'y verra rien à redire[1]. » De cet arrangement, Missy n'ignore rien, ainsi qu'elle l'écrit à Willy : « quand vous avez mis Colette dans mes bras et puis tout à fait ! j'ai bien envisagé ce que vous désiriez et je n'ai pas reculé, ayant pourtant vu et au-delà de ce qui pouvait nous arriver à tous trois[2]. »

Ce que Missy déplore surtout, c'est la publicité faite autour de sa liaison avec Colette, une réclame tapageuse qui lui attire les foudres de la presse. Le 26 novembre 1906, *Le Cri de Paris* a fait paraître « En famille », un article qui se livrait à d'audacieux commentaires sur le quatuor Colette-Missy et Willy-Meg. Colette réagit vivement et fait paraître un droit de réponse : « Ne réunissez pas si... intimement dans l'esprit de vos nombreux lecteurs, deux couples qui ont arrangé leur vie de la façon la plus normale que je sache, qui est celle de leur bon plaisir[3]. » Admirable Colette qui fait entendre un son de voix inconnu, celui d'une femme libérée revendiquant son droit à l'indépendance. Mais le 15 décembre, Missy est la cible d'articles particulièrement désobligeants qui paraissent dans *Fantasio* sous la signature du « Vitrioleur » : « Missy n'est aujourd'hui que l'ombre d'elle-même [...] cette désexuée au visage de plâtre mou qui se boursoufle, au regard fixe d'éthéromane et de nyctalope, aux lèvres mortes [...] qui remorque avec elle tantôt un caniche, tantôt une théâtreuse. » L'article

1. Lettre du 18 février 1907, collection Michel Rémy-Bieth.
2. Lettre du 16 février 1907, collection Michel Rémy-Bieth.
3. Paru dans *Le Cri de Paris* du 2 décembre 1906, repris dans *Fantasio* du 15 avril 1907.

est accompagné de caricatures infamantes. La marquise assigne le quotidien en diffamation mais n'obtient pour toute compensation que la somme grotesque de vingt-cinq francs. Le tribunal souligne que la plaignante « avait donné prise aux plus vives critiques » et rappelle que dans sa lettre au *Cri de Paris* Colette « affichait sans vergogne son genre d'existence [1] ».

Missy n'a pas fini d'être étrillée dans la presse. Elle a également pris des leçons avec Georges Wague et décidé à son tour de s'essayer à l'art de la pantomime. Pendant tout le mois d'octobre 1906 et jusqu'au 2 novembre, Colette joue dans *La Romanichelle* de Paul Franck sur la scène de l'Olympia. Le 27 novembre, le spectacle est donné au Cercle des arts et des sports avec, pour la première fois, Missy dans le rôle du Peintre. La presse se déchaîne et Missy devient la cible de tous les quolibets. Mais le coup d'éclat reste à venir.

La marquise a écrit le scénario d'une pantomime intitulée *Rêve d'Égypte*. L'argument tient en ces quelques lignes : « Dans un intérieur quelconque, un homme en complet marron consulte un vieux livre. Au fond, un sarcophage laisse apercevoir une momie. » Celle-ci se lève pour simuler une scène d'amour avec le savant et lui tend ses lèvres pour recevoir le baiser de la résurrection. Missy est bien décidée, en ce début de 1907, à créer la pièce aux côtés de Colette. L'affaire fait grand bruit, jusque dans la province bourguignonne de Colette où *L'Yonne* du 5 janvier 1907 titre : « Les Deux

1. *Fantasio*, 15 avril 1907.

Divorcées amies et leur pantomime ». Pour sa part, le *Gil Blas* du 30 décembre avait déjà fait état des « démarches pressantes [...] faites par des personnalités du faubourg Saint-Germain pour empêcher la marquise de paraître sur les planches ». Ce à quoi, deux jours plus tard, Colette répond en ces termes : « La marquise de Morny est libre de tous ses actes et elle débutera avec moi le 3 janvier, je vous le jure, sur la scène du Moulin-Rouge. Cette nouvelle dût-elle occasionner une révolution. Elle ne cédera ni aux prières ni aux menaces. Elle aime le théâtre. Elle fera du théâtre et voilà tout [...] Il serait ma foi trop bizarre que le fait d'appartenir à la noblesse française puisse empêcher une femme de faire ce que bon lui semble. »

Une publicité gigantesque précède la première. Pour s'assurer de la réussite, la direction du Moulin-Rouge appose les blasons des Morny et des Belbeuf sur l'affiche, à côté du nom des deux interprètes. Le parfum de scandale commence à se répandre. Nul n'imaginait toutefois à quel point il allait agir comme un poison redoutable. « Ce fut, durant une demi-heure, d'interminables vociférations, des insultes qu'il nous est impossible de reproduire, un public déchaîné, furieux, comme enragé », lit-on dans le *Gil Blas* du 4 janvier. Dans *Le Figaro*, Alfred Delila note pour sa part : « On s'attendait à une séance houleuse ; elle dégénéra en tempête. » Le Tout-Paris se met à bruisser du « scandale du Moulin-Rouge ». Missy devra abandonner son rôle, le préfet de police Lépine en personne l'ayant sommée de ne plus se produire sur scène. Le 4, *Rêve d'Égypte* est rebaptisé *Songe d'Orient* avec Georges Wague dans le rôle de l'Égyptologue. Le public ne s'aperçoit pas de la substitution et les cris et les sifflets retentissent de plus belle. Cette fois, le préfet fait interdire définitivement la pantomime. Le 6 janvier, les spectateurs découvrent un autre numéro ironiquement intitulé « L'Agent censeur au Moulin-Rouge »...

Étrangement, les retombées de ce scandale sont plus rudes pour Missy et Willy que pour Colette. Pour son mari, la sanction est immédiate, il est congédié de *L'Écho de Paris* et ainsi privé des revenus substantiels que lui assurait cette collaboration. C'est, pour lui, une longue descente aux enfers qui commence. Missy, elle, est offerte à l'indignation publique. La presse franchit encore des degrés d'ignominie en évoquant la déchéance morale des Morny : « Dans tous les cas, le nom de Morny qui était depuis longtemps synonyme d'immoralité politique, est maintenant à jamais inscrit dans les fastes de l'immoralité proprement dite [...]. L'héroïne de cette écœurante aventure est, [...] il ne faut pas l'oublier, la fille de l'Homme qui fut le véritable auteur du coup d'État de Décembre [1]. » Hormis quelques escarmouches, Colette sort grandie de l'événement, on admire son cran, on célèbre sa charmante impertinence. Ce n'est que bien plus tard, arrivée aux portes de la reconnaissance officielle, qu'elle aura à subir les contrecoups de cette affaire [2].

L'alliance secrète qu'elle avait tenté de négocier avec

1. Document reproduit dans *Colette intime*, Gérard Bonal et Michel Rémy-Bieth, Phébus, 2004, p. 117.

2. Les portes de l'Académie française lui resteront fermées et ce n'est qu'à l'âge de soixante-douze ans qu'elle franchira celles de l'Académie Goncourt.

Willy n'est plus à l'ordre du jour quand débute l'année 1908. Sa vie de vagabonde commence. Elle découvre la vie des artistes qui tournent toute l'année, qui vont d'hôtel en music-hall, de loge en wagon. Elle joue *La Chair*, son plus grand succès, elle reprend le rôle de Claudine dans la pièce adaptée par Willy et Luvey. La jeune femme hésite, elle ne sait pas où elle va ; à l'heure du désarroi, elle se débat contre l'ennemi de toute sa vie, la solitude. Heureusement, Missy est là qui veille sur sa protégée, lui offre le confort des plus luxueux hôtels, l'accompagne et organise sa vie autour de sa carrière : « si j'ai des doigts écrasés, du chagrin ou une chaussette perdue, je n'ai pour tout cela qu'un cri "Missy" », reconnaît Colette[1]. D'étape en étape, elle prend conscience de son amour pour Missy : « comme tu m'as désappris à vivre seule » ; « c'est toi ma vraie Raison-de-vivre » ; « il n'y a vraiment que le mot amour qui puisse servir pour dire la complète, la complexe et exclusive tendresse que j'ai pour vous »[2]. Elle cherche auprès de Missy le réconfort que l'enfant trouve auprès de sa mère. Colette se définit elle-même comme le « faux-enfant » ou l'« enfant insupportable » de son amie : cette relation mère-fille imprègne toute leur correspondance. Il n'est pas jusqu'aux textes que Colette dédie à son amie qui n'approfondissent le sens de cette relation : « Tu me donneras la volupté, penchée sur moi, les yeux pleins d'une anxiété maternelle, toi

1. Lettre du 14 mai 1909, voir *infra* lettre 13.
2. Lettres de fin septembre 1908, octobre 1908 et début juin 1909, voir *infra* lettres 2, 4 et 16.

qui cherches, à travers ton amie passionnée, l'enfant que tu n'as pas eu [1]... »

De son côté, Sido, la mère de Colette, accueille cette liaison avec sa légendaire ouverture d'esprit, à cent lieues des préjugés de l'époque : « Allons, viens mon amour le plus tôt que tu pourras. Je voudrais pouvoir en dire autant à Missy mais mes chères, vous verriez tous les imbéciles d'ici sortir sur leur porte et sourire et ton grand-frère est le médecin de Châtillon [2]. » La clairvoyante Sido a aussi deviné la nature filiale de cette relation : « Vraiment, Missy est trop charmante de tant s'occuper de toi ! Elle rend ton éloignement moins pénible pour moi [3] » ; « Missy vous avez charge d'âme, vous devez veiller sur ma fille, elle en vaut la peine, n'est-ce pas [4] ? » En ces années qui comptent parmi les plus difficiles de la vie de Colette, Missy apporte douceur et réconfort, en même temps qu'elle lui facilite la vie matérielle. Mais l'enfant incorrigible, trop gâtée, colérique, qu'est Colette s'accommode fort mal de l'inguérissable mélancolie de son amie. Si les lettres qu'elle lui adresse disent l'amour et la passion, elles laissent également deviner que, par un mouvement naturel, elle aura tôt fait de quitter sa compagne maternelle comme elle l'avait fait avec Sido.

1909 marque un tournant décisif dans la relation de Colette avec Willy. Désormais, elle s'achemine vers la rupture, selon une progression dont les lettres

1. « Nuit blanche », *Les Vrilles de la vigne*, *Œuvres*, t. I, p. 972.

2. Lettre du 1er mars 1909, collection Michel Rémy-Bieth.

3. Lettre du 25 janvier 1909, Sido, *Lettres à sa fille*, Des femmes, 1984, p. 249.

4. Lettre du 6 septembre 1909, *ibid.*, p. 298.

à Missy se font l'écho. Au début de l'année, Colette apprend que son mari a vendu aux éditeurs les droits des quatre *Claudine*. Le 26 février, elle lui écrit sous le coup de l'étonnement et de la colère : « Est-il vrai, est-il possible que toutes les *Claudine* et les deux *Minne* soient à présent la propriété des éditeurs ? est-ce possible que tout cela soit perdu pour vous et pour moi ? Au nom du ciel, dites-moi pour une fois la vérité, est-il possible que ces livres qui me sont si chers soient à jamais perdus[1] ? » En fait, les droits ont été vendus deux ans plus tôt. À court d'argent, probablement endetté, Willy a accepté des sommes ridiculement basses au regard du succès des ouvrages. Ainsi, *Claudine en ménage* a été cédée au Mercure de France le 30 septembre 1907 contre la somme de 2 400 francs alors qu'en 1905 l'ouvrage avait déjà rapporté aux auteurs 43 200 francs. Willy lui-même, dans une lettre de justification écrite à Colette probablement en 1909, avouait que le gain total des *Claudine* et des deux *Minne* s'élevait à 145 500 francs. Seul signataire des six ouvrages, Willy en était légalement le propriétaire et Colette, jusque-là, ne l'avait jamais contesté. Mais la découverte de cette transaction tenue secrète pendant les deux années où le couple a pensé se reformer met au jour une trahison bien plus insupportable que les infidélités qu'elle avait fini par accepter. Deux jours après avoir découvert le forfait, elle écrit à Léon Hamel : « On dirait vraiment, étant donné les conditions dans lesquelles il a cédé les 4 *Claudine*, qu'il a non seulement voulu en retirer très peu

1. Collection Michel Rémy-Bieth.

d'argent mais encore s'assurer que jamais, même après sa mort, je ne rentrerai en possession de ces livres qui sont miens[1]. » Colette pensait être restée maîtresse du jeu dans ses relations avec Willy ; elle doit reconnaître qu'elle n'est en fait qu'une femme trompée. La violence de sa réaction est à la hauteur de l'amour qu'elle a porté à son mari. Elle n'a plus alors qu'un objectif en tête : se voir reconnaître la propriété de ses œuvres et faire payer au traître le prix fort. C'est Willy lui-même qui va lui en offrir la possibilité.

Willy a été, probablement dès les premières années de son mariage avec Colette, l'amant de Liette de Serres, l'épouse du compositeur Louis de Serres. Celle-ci lui confie aux environs de 1900 une somme d'argent afin qu'il la place dans les éditions Gauthier-Villars, ce qui lui permet d'avoir un revenu fixe tandis que Willy garde le surplus du revenu produit par le placement. L'amant devenu escroc ne plaça jamais l'argent, mais conserva pour lui seul les sommes prêtées. Pendant plusieurs années, il verse à Mme de Serres des intérêts, puis, en 1908, il décide de ne plus rien lui donner. Il requiert alors l'aide de Colette pour confondre sa maîtresse : Colette doit jouer les épouses bafouées auprès de Mme de Serres et menacer de donner à son mari des lettres prouvant son infidélité. Au début de l'année 1909, Colette est en possession des fameuses lettres... Coïncidence ou pas, elle obtient au mois de mars 1909, sans difficulté

1. Lettre du 28 février 1909, *Lettres de la Vagabonde*, Flammarion, 1961, p. 29-32.

apparente, que sa collaboration aux *Claudine*[1] soit reconnue et que son nom apparaisse désormais sur les couvertures à côté de celui de Willy. Un mois plus tard, elle négocie un accord à propos des deux *Minne* afin que les deux romans soient refondus par elle et paraissent avec sa seule signature et sous un nouveau titre (*L'Ingénue libertine*, 1909). Lorsque, à la fin du mois d'avril 1909, Liette de Serres réclame à Willy ses revenus et veut récupérer son argent, c'est en vain que celui-ci se tourne vers sa femme...

Colette ira jusqu'au bout de sa vengeance, aidée en cela par l'ancien secrétaire de Willy, Paul Barlet. Après avoir obtenu que son rôle de collaboratrice soit reconnu, il lui faut désormais que la question de la « paternité » des œuvres soit posée et devienne publique. Paul Barlet fait paraître le 16 octobre 1909 un article élogieux signé A.R. qui attribue les *Claudine* à la seule Colette. Willy riposte et à l'automne 1909, *Paris-théâtre* devient le terrain d'affrontements entre les deux époux. Dans la foulée, le 13 puis le 15 novembre Colette puis Paul Barlet assignent Willy en référé pour dettes et obtiennent que ses revenus soient saisis. Acculé, Willy essaie-t-il alors la menace ? C'est ce que Colette suggère lorsqu'elle évoque la visite d'un certain Carmona mandaté par Willy : « Celui-ci après m'avoir demandé si nous étions seuls (Missy et Paul Barlet invisibles et présents, tu penses !) a tiré de son sein un papier et s'est mis à lire, de la part de Willy, une petite sentence de mort, comme quoi la marquise et Paul Barlet auraient cette

1. Elle obtient de même la reconnaissance de son travail pour *La Petite Jasmin*, pièce signée Willy, par la Société des auteurs et compositeurs dramatiques.

semaine une balle dans la tête si je persistais à dire la vérité[1] !!! » Mais Colette ne fléchit pas. L'affaire de Serres se prolonge et il faut sans doute la commisération de Mme de Serres pour éviter la prison à Willy, qui sera finalement condamné à lui payer 5 000 francs, somme qui sera prélevée sur ses revenus jusqu'à sa mort. Au début de l'année 1910, Willy est ruiné et doit quitter la France pour échapper à ses créanciers.

Missy a assisté en spectatrice impuissante à la succession des événements. Contrairement à Paul Barlet, elle n'a jamais souhaité prendre part aux démêlés entre les deux époux. Elle savait ce que Colette cachait si bien aux autres : l'extrême nervosité et la profonde mélancolie dans lesquelles cette rupture définitive la plongeait. Dès l'été 1909, Colette s'est confiée à Mme Haendler, une amie de Missy : « La seule vue de son écriture [celle de Willy] me donne de justes angoisses, le contenu de ses lettres est si pénible à lire, ou injuste, et à la fois si extravagant et si astucieux[2] ! » La crainte s'était peu à peu transformée en angoisse. De Lyon où elle se trouve à l'automne 1909, Colette écrit à Missy : « Je suis triste et nerveuse », « Je supporte mal la solitude dans l'état d'esprit nerveux et inquiet où je suis ! Une âme en peine dans un corps malheureux[3] ! » Ce que ne disent pas nos lettres, c'est que le désarroi et le dégoût de Colette furent tels qu'elle songea au suicide. C'est en

1. Lettre à Georges Wague du 19 novembre 1909, Bibliothèque nationale, cote N.a.fr. 18708, f° 38-39.
2. Collection Michel Rémy-Bieth.
3. Voir *infra*, lettre 26.

tout cas ce qu'elle affirme à Jacques Gauthier-Villars, le fils de Willy, dans une lettre datée de début juin 1909 : « C'est toujours la Missy que tu connais, le même compagnon fidèle, et honnête, et tendre, qui m'a sauvée, retiens-le, du désespoir, du suicide sans doute, ou peut-être, ce qui serait pis, de la triste vie des "femmes entretenues" [1]. » Même aveu, mais cette fois-ci sous la plume de Willy, dans une lettre adressée à Colette le 7 juillet : « Ce que je vois surtout, ce qui m'hypnotise dans votre cruelle lettre, ma Tétette envers qui j'ai été si coupable c'est que vous avez songé à vous tuer ! [...] – Écoutez-moi bien, si vous avez frôlé de si près le Noir, petit être de lumière, je ne veux pas ergoter, rectifier un détail, tenter de me défendre, j'aime mieux obéir, avec une désolation stupéfaite, et je m'engage à ne plus troubler votre tranquillité, que je vous envie [2] ! » C'est une nouvelle fois auprès de Missy qu'elle recherche la paix et le réconfort : « Toute cette histoire, et la solitude où je suis, finissent par me coller une angoisse nerveuse, qui n'a rien de bon, je t'assure ! Ce n'était pas le moment de me laisser seule. Je sais bien que rien n'est de ta faute, ma chérie aimée, mais je n'en ai pas moins la tête et les nerfs dans un piètre état. Ne me gronde pas, surtout, mais réconforte-moi [3] ! »

Au cours de l'année 1910, il est peu ou pas question de Willy. À peine si « le salaud », comme elle le nomme désormais, apparaît au détour d'une table de jeu à Monte-Carlo. Poursuivi par ses créanciers, ruiné par sa passion du jeu, lâché par ses anciens

1. Collection Michel Rémy-Bieth.
2. Collection Michel Rémy-Bieth.
3. Voir *infra*, lettre 23.

collaborateurs, c'est un homme traqué. Colette a gagné cette bataille. Elle remportera la guerre vingt-cinq ans plus tard en publiant *Mes apprentissages*, véritable pamphlet contre son premier époux, qui imposera pour longtemps l'image d'un écrivain sans talent, profitant des autres, passé maître dans l'art du mensonge et de la trahison.

À l'automne, un nouvel homme fait son apparition dans la vie de Colette : Auguste Hériot. Jeune, il a treize ans de moins que Colette, beau, cultivé, il est l'un des trois enfants du principal actionnaire des Grands Magasins du Louvre. Colette l'a probablement croisé quelques années plus tôt, à l'époque de sa liaison avec Liane de Pougy, mais c'est à Dijon, au mois de septembre 1910, que son nom apparaît pour la première fois dans les lettres à Missy. Colette entame alors avec Hériot une relation épisodique. À ses côtés, elle goûte le plaisir d'être désirée, mais elle n'estime guère le jeune homme qu'elle nomme tantôt « le petit », « le serin » ou « l'andouille ». Hériot devient le compagnon des tournées et des voyages. Missy n'ignore probablement rien de la relation de Colette avec le jeune homme. Il n'est pas impossible qu'elle ait même encouragé cette liaison et qu'elle ait pu acquiescer à la suggestion de Sido : « Mais si Hériot a une telle envie de t'avoir pour femme, qu'il fasse sa cour à Missy et t'obtienne d'elle[1]. » Hériot se rendra à plusieurs reprises à Rozven, la maison achetée par Missy en Bretagne, et lorsqu'au mois de mars 1911 Colette provoquera une brouille, il se

1. Lettre du 19 juin 1911, Sido, *Lettres à sa fille*, *op. cit.*, p. 439.

rendra auprès de la marquise de Morny, qu'il appelle désormais « mon père ».

Quel est alors l'avenir du couple ? Au printemps 1911, les deux femmes semblent s'éloigner. Missy reproche à sa compagne ses infidélités et ses caprices, ce que Colette nomme alors « sa gourmandise ». Au mois de juin, une violente dispute éclate entre elles. Colette affirme à Charlotte Lysès qu'elle a surpris Missy avec une « jeune fille blonde » : « Missy est à Paris, en même temps que moi, mais non avec moi... Elle habite je ne sais où ; avec une jeune fille blonde à qui elle vient de couper les cheveux. Hier Missy est venue ici pour prendre son courrier... j'ai un peu éclaté... mais il me semble qu'il y a des choses que je peux faire et qu'elle ne doit pas faire. Et j'ai claqué la porte et j'ai refusé de dire adieu et d'embrasser, enfin tout[1]... » Cette « jeune fille blonde » n'a probablement jamais existé. Il faut sans doute y voir, ainsi que le suggère Colette dans une autre lettre à Lysès, une mise en scène destinée à provoquer la jalousie d'une compagne qui peu à peu lui échappe. Car Missy sait qu'un homme retient Colette à Paris, mais elle est encore persuadée qu'il s'agit d'Auguste Hériot. Or c'est un autre qui occupe alors les pensées de Colette : Henry de Jouvenel. Il est l'un des rédacteurs en chef du *Matin*, auquel elle collabore depuis décembre 1910. Bel homme, brillant journaliste promis à un bel avenir politique, il séduit Colette. Au mois de juillet leur liaison est affichée au grand jour. Missy ne peut plus l'ignorer. Elle en a été informée par Auguste Hériot et par Isabelle de

1. Collection Michel Rémy-Bieth.

Comminges, la précédente maîtresse de Jouvenel. « La Panthère », comme Colette la surnomme, ayant appris la liaison d'Henry de Jouvenel avec une autre femme, menace de la tuer. Missy suit au fur et à mesure la course-poursuite digne d'une pièce de boulevard. A-t-elle compris alors que cette nouvelle liaison marquerait leur rupture ? ou a-t-elle cru à un nouveau caprice de son « faux enfant » ? Début juillet elle parle de Colette « avec mépris et aversion ». Elle sait qu'il n'y aura plus cette fois de retour en arrière possible. Le 2 août 1911, elle écrit à Georges Wague : « Nous nous sommes séparées Colette et moi aujourd'hui et pour toujours[1]. » Colette gardera Rozven. Missy cède une dernière fois à son caprice et achètera non loin une autre villa qu'elle nommera Primerose et qu'elle habitera jusqu'au début des années trente.

Commence alors un long silence de vingt ans. En 1931, quand les deux femmes renouent leur relation, le ton de la correspondance a changé. Les vieilles rancœurs se sont tues, laissant place à l'amitié et à une profonde et sincère tendresse. Mais voilà que Colette se met en tête d'évoquer Missy dans des pages qui seront bientôt publiées sous le titre évocateur de *Ces plaisirs...*[2] Par délicatesse, elle les soumet à son amie. Lorsque la publication commence dans *Gringoire* en décembre 1931, Missy s'offense de son portrait qui, à en croire Colette, ne diffère pas de celui qu'elle lui a présenté sur épreuves. Qu'y avait-il donc dans ces pages qui puisse froisser à ce point Missy ? *Ces plaisirs...* est un essai audacieux pour l'époque.

1. Voir *infra*, lettre 96.

2. « Ces plaisirs... qu'on nomme à la légère physiques » est une phrase empruntée au *Blé en herbe* (1923).

La narratrice y recueille, du côté de Sodome et Gomorrhe, les confessions d'hommes et de femmes sur le plaisir amoureux. Colette entend « verser au trésor de la connaissance des sens une contribution personnelle[1] ». Ouvrant la porte d'un royaume obscur dont elle a une connaissance intime, elle y avance à petit pas, délicatement. Au cœur de ce récit, passe une majestueuse et énigmatique silhouette désignée sous le titre de Chevalière. Ce personnage ni homme, ni femme, c'est Missy qui apparaît comme un être incomplet : « Son demi-pareil, l'homme, est prompt à s'effrayer, et l'abandonne. Il lui reste sa demi-pareille, la femme. Il lui reste surtout le droit, même le devoir, de ne jamais être heureux. Jovial, c'est un monstre. » Missy est ainsi vouée à la triste errance de l'être inachevé[2].

Mais la brouille est passagère. Les deux amies s'écrivent et se revoient encore de loin en loin. Missy offre encore des cadeaux, mais ce ne sont plus les somptueux bijoux d'autrefois. Sa fortune s'évapore peu à peu, ce qui ne l'empêche pas d'investir dans le cinéma, notamment dans les films de son fidèle et dévoué Sacha Guitry. L'été de 1937, elle loue le château de Mennessy, dans l'Eure. Elle se méfie à présent des belles jeunes femmes pour qui elle dépensait autrefois des fortunes. André de Fouquières se souviendra : « Elle brûlait ce qu'elle avait adoré et les

1. *Le Pur et l'Impur*, *Œuvres*, t. III, p. 584.

2. *Ibid*, p. 596. Déjà en 1909, Colette se plaignait auprès d'une amie : « Missy ne peut rien faire d'achevé » (document reproduit dans *Colette intime*, *op. cit.*, p. 109). Et lorsqu'elle apprend en juin 1944 que Missy a tenté de se suicider : « Maurice était plein de pitié et d'étonnement devant cet être inachevé », *Lettres à Marguerite Moreno*, Flammarion, 1959, p. 288.

belles jeunes femmes, dont elle avait naguère fait sa société, avaient cédé le pas à des jeunes gens – qui n'étaient pas moins équivoques[1]. » En 1941 paraît *Le Pur et l'Impur*, édition remaniée de *Ces plaisirs...* Le portrait de la Chevalière y figure sans aucune retouche. On ne trouve plus trace de la moindre lettre au-delà de cette date. Coïncidence ?

Peu avant la guerre, Missy perd le dernier membre de sa famille, sa belle-sœur, la duchesse de Morny. Elle vit d'une petite rente viagère et occupe toujours, 1 rue des Eaux, l'appartement où elle était installée dans les années 1920. Qui se souvient encore que sous le costume et les cheveux taillés à ras se dissimule la dernière descendante des Morny ? Parmi les rares personnalités parisiennes à lui rendre encore visite, Pierre Varenne consigne son ultime souvenir :

> La marquise de Morny n'avait plus guère pour relations que des commerçants de Passy, restaurateurs, modistes, manucures, marchandes de frivolités. Dégoûtée de la faune littéraire, elle préférait parler de la pluie et du beau temps, ou du coût dur pour elle de la vie. On la voyait dans les cinémas de quartier. Elle faisait surtout de longues stations, presque prostrée, dans un salon de coiffure de la rue Franklin, regardant les beaux visages féminins renversés dans le casque luisant des séchoirs.
>
> Elle mourut le 4 juillet 1944, âgée de 86 ans[2], munie des sacrements de l'Église ; Paris était encore, pour peu de jours, occupé par les Allemands. Les obsèques eurent lieu à Saint-Honoré-d'Eylau. À son enterrement, il y avait en tout douze personnes, huit femmes et quatre hommes, dont Sacha Guitry qui, depuis deux ans, réglait sa note au petit bistrot

1. André de Fouquières, *op. cit.*, p. 201.
2. Selon son acte de décès, Missy s'est éteinte le 29 juin 1944. Elle avait quatre-vingt-un ans.

de la rue des Eaux où elle prenait ses repas. Deux mois auparavant, la pauvre femme avait essayé de s'asphyxier par le gaz. La seconde et dernière tentative vint aisément à bout de ses faibles forces. On déclara sa mort accidentelle[1].

Le portrait de la Chevalière dont Missy avait pris ombrage n'était pas dénué d'aménité et dans un élan délicat, Colette lui prêtait ces ultimes paroles : « Quand même, [...], il ne faut pas que je me plaigne, – j'aurai été un mirage...[2]. »

*
**

Que deviennent les papiers de Missy après sa mort ? Dernière survivante des quatre enfants du duc de Morny, rejetée par sa famille, ruinée, il ne semble pas qu'elle ait laissé de dispositions testamentaires. Sacha Guitry, qui avait subvenu à ses besoins dans ses dernières années, recueillit fort heureusement une partie de ses livres et de ses lettres, dont certains figureront lors de la vente aux enchères de sa bibliothèque[3]. Mais parmi les documents, aucune lettre de Colette à son ancienne maîtresse. Il fallut le hasard et la passion d'un collectionneur pour que ces lettres échappent à la destruction ou à l'oubli. En 1953, sur les conseils de Sacha Guitry, encore lui, Michel Rémy-Bieth avait débuté une collection d'autographes. À la librairie Charavay, il avait acquis ses

1. Pierre Varenne, manuscrit inédit, collection Michel Rémy-Bieth.

2. *Le Pur et l'Impur*, *op. cit.*, p. 597.

3. Lettres et autographes ont fait l'objet de différentes ventes entre 1972 et 1994.

premiers manuscrits : des lettres de Colette. Il connaissait peu l'œuvre de l'auteur, mais ce qui n'était encore qu'un intérêt d'amateur allait bientôt devenir une passion de spécialiste. Quelques mois après ce premier achat, il se rendit dans une librairie située rue de l'Odéon. La librairie Rossignol était spécialisée dans les autographes historiques et on proposa au collectionneur des valeurs sûres : des lettres de maréchaux d'Empire. Le collectionneur allait repartir lorsque le libraire se souvint qu'une habitante du quartier lui avait apporté des lettres de Colette dont elle souhaitait se défaire. Elle avait, disait-elle, travaillé pour la marquise de Morny. Il acheta une dizaine, peut-être moins, de lettres de Colette à Missy écrites pendant les tournées de music-hall. Plus qu'une découverte, ce fut une révélation. La dame du Palais-Royal figée dans la nostalgie de son enfance se révélait une femme libre, forte et indépendante. Sa façon de décrire le petit monde du music-hall le fascina. Et surtout, il y eut la rencontre avec Missy.

Il y a quelque chose de mystérieux et de presque alchimique dans le choix d'une collection. Difficile de dire qui du collectionneur ou de l'objet a choisi l'autre. Dix ans plus tard, lorsque par hasard Michel Rémy-Bieth franchit une seconde fois la porte de la librairie Rossignol, l'ancienne employée de Missy avait déposé de nouvelles lettres... La nouvelle ne tarda pas à venir aux oreilles de Maurice Goudeket, le dernier mari de Colette ; en 1960, il convoqua le collectionneur au 9 rue de Beaujolais. La perspective de pouvoir visiter la dernière demeure de Colette avait de quoi réjouir Michel Rémy-Bieth, mais il se souvient encore de l'accueil glacial qui lui fut réservé. Maurice Goudeket exigea qu'il lui vende les lettres de Colette à Missy. Devant son refus, il lui affirma alors qu'il interdirait toute publication et Michel Rémy-Bieth quitta l'appartement sans avoir pu voir la chambre de Colette. Maurice Goudeket réussit-il par la suite à acquérir d'autres lettres de Colette à Missy ? Avait-il conservé les lettres que Missy avaient écrites à Colette ? Les a-t-il détruites ? Nous l'ignorons. Et pendant vingt ans le silence retomba sur ces lettres.

Ce n'est qu'en 1982, cinq ans après la disparition de Maurice Goudeket, qu'un premier projet de publication des lettres de Colette à Missy voit le jour. Avec l'aide d'Alain Brunet et la complicité de Marguerite Boivin, Claude Pichois, grand spécialiste de Baudelaire et de Nerval, menait depuis le début des années soixante des recherches sur Colette[1]. Après avoir consulté les précieuses archives détenues par Michel Rémy-Bieth, il envisagea une publication des lettres de Colette à Missy. La lettre qu'Edmonde Charles-Roux écrivit le 9 juillet 1982 à Henri Noguères, alors président des Amis de Colette, témoigne du vif intérêt suscité par le projet : « Mesurant le désarroi de Colette, sa solitude, son désenchantement et même son dégoût après l'affaire Willy, sachant d'autre part que Missy a été beaucoup plus qu'une liaison, disons une planche de salut à laquelle

1. Elles conduisirent à la publication, de 1984 à 2001, des *Œuvres* de Colette dans la Bibliothèque de la Pléiade et en 1999 à la biographie de référence de l'auteur.

elle s'est accrochée désespérément, parce que cette planche de salut était "le contraire" de tout ce qu'elle avait expérimenté, je ne peux croire que, considérées sous cet angle-là, ces lettres soient sans intérêt. La maison de Missy, c'était le havre où, de retour de tournée Colette allait reprendre souffle. [...] Il y a l'étude psychologique qui primera et la vision d'une Colette d'autant plus provocante, anti-bourgeoise, "mettant le paquet", se montrant toute nue sur scène, qu'elle était plus profondément désemparée [1]. » Mais, faute d'avoir réuni suffisamment de lettres, le projet fut abandonné.

Il fallut attendre quinze ans pour retrouver la trace de nouvelles lettres complétant l'ensemble patiemment rassemblé par Michel Rémy-Bieth. Au mois de novembre 1999, une vente aux enchères d'autographes était organisée à l'Hôtel Drouot. Parmi les nombreux lots proposés : un très important ensemble de lettres de Colette à Missy. Elles provenaient d'un galeriste parisien dont la famille était célèbre dans les milieux des antiquités et de la politique. Persuadé que la Bibliothèque nationale de France allait préempter ce qui pouvait à juste titre apparaître comme une des correspondances les plus importantes de Colette, le collectionneur ne prit aucune disposition. Mais le jour de la vente, la Nationale ne se manifesta pas et toutes les lettres ou presque furent à nouveau dispersées. Il fallut dix ans, le soutien de Michel Rémy-Bieth et l'aide de Foulques de Jouvenel

1. Collection particulière.

pour les retrouver et reconstituer ainsi trente-trois années de la vie de Colette et de Missy.

Au lecteur, à présent, de découvrir cet amour unique, que Colette évoqua un jour en ces termes poignants : « Quand on a rencontré une amie comme la mienne (vous savez son nom ?), on a atteint le bout de sa vie, le bout d'une impasse bienheureuse et fermée, où l'on se couche posée jusqu'à la mort. Du moins, c'est mon espoir. Je n'imagine plus la vie sans elle, sans sa douceur, son sourire plus triste que gai, sa crainte des méchants, sa voix qui lui ressemble [1]... »

1. Lettre à Musidora, s.d., collection Michel Rémy-Bieth.

Note sur l'édition

Nous avons choisi de respecter la ponctuation et les usages typographiques tels qu'ils apparaissent sur les originaux des lettres de Colette, même s'ils varient parfois. Ainsi, les lettres écrites pendant la période du music-hall ont souvent été rédigées dans l'urgence et dans des conditions d'écriture parfois sommaires. De même, le passage constant, parfois dans une même lettre, du genre masculin au genre féminin a été scrupuleusement respecté. Les rares fautes d'orthographe qui ne relevaient pas d'un usage spécifique et qui ne présentaient aucun intérêt génétique ou stylistique ont été corrigées. Par ailleurs, Colette ne datait jamais ses lettres. Les dates reconstituées figurent entre crochets. Lorsque la datation a été impossible à établir avec certitude, un point d'interrogation signale une hypothèse. Enfin, les notes de la présente édition ont été réalisées avec le souci constant de faciliter et d'éclairer la compréhension du texte. Pour les œuvres de Colette citées dans les notes, renvoi est fait aux *Œuvres*, Gallimard, coll. « Bibliothèque de la Pléiade », t. I, II, III et IV, 1984, 1986, 1991, 2001 ; pour les autres correspondances de Colette, renvoi est fait aux éditions publiées séparément.

S.B. et F.M.

Prologue

Missy à Willy

16 février 1907

Mon cher Willy,

Colette interprète à sa façon ma manière d'être et mon humeur morose, mais quand on a reçu un coup de massue sur la tête (qui pénètre très loin, plus loin encore !) on ne peut pas être gai.

Je ne comprends pas toujours vos deux caractères et au commencement j'ai souvent déploré votre besoin d'afficher notre situation (bien voulue par vous) et qui aurait pu être tout aussi nette mais plus discrète.

Colette se plaint de mes pensées de derrière la tête (pour les connaître il faut être encore plus fine qu'elle ne l'est, ce qui serait peut-être impossible), mais en effet toute ma vie j'ai évité les responsabilités les craignant par-dessus tout. Pourtant quand vous avez mis Colette dans mes bras et puis tout à fait ! j'ai bien envisagé ce que vous désiriez et je n'ai pas reculé, ayant pourtant vu et au-delà de ce qui pouvait nous arriver à tous trois. Je crois donc n'avoir pas mérité les reproches de Colette, qui est une enfant étourdie et sans beaucoup de sens moral, mais cela n'est pas certes sa faute ! Je comprends qu'elle s'ennuie avec ma mélancolique et vieille personne, je m'en veux, mais il n'est pas donné à l'être humain de se changer.

Dans toute cette histoire au commencement un

peu de discrétion n'aurait pas nui, et ensuite un peu plus de déférence à mes conseils aurait je crois obtenu un meilleur résultat.

Enfin « c'est écrit » soyons fataliste, cela n'arrange rien, mais console un peu.

Je suis désolée que vous soyez malade et souffrant et je ne connais rien comme le midi pour influer sur le cerveau et les nerfs aigris. Je n'ai pas l'âme bien portante non plus, mais à quoi bon se plaindre, ce qui est fait, est fait ! Il n'y a pas à revenir.

Tendresses affectueuses à Meg. Nous sommes tous de pauvres chiens sur cette terre peu gaie et em... dante.

Je vous envoie mes affectueux mais tristes souvenirs. Ne m'en veuillez pas de ce que je vous écris. Rien ne vaut la peine de se faire du mauvais sang.

Toute à vous

Missy

1

Le Grand Hôtel
Nice[1]

[février 1908]

Ma chérie, je viens enfin de recevoir ta lettre, elle a mis bien du temps à venir, c'est samedi et il est 6 h 1/2 ! J'arrive de Monte-Carlo, mais je viens de voir Labruyère[2] avant de rentrer à l'hôtel. Nous en avons dit, sur Willy !!! Il a été très gentil.

Donc, j'ai déjeuné avec notre mère[3] et la pauvre Jeannot[4], qui n'a pas déjeuné, comme je te le disais, avec Willy, mais qui parle, quand l'occasion se présente, à Willy et à Meg[5]. C'est une pauvre malheureuse Jeannot, mais du moins elle n'y met pas l'empressement de Suzanne[6], qui est d'une extrême gentillesse avec le charmant couple et les voit quotidiennement. Laissons ces volailles.

Comme potins, il y a : le collage d'Ephrussi[7] avec

1. Depuis 1906, Colette fait carrière dans le music-hall. Elle joue *La Chair*, mimodrame de Georges Wague et Léon Lambert, au Palais des beaux-arts de Monte-Carlo du 16 au 19 février 1908, puis à Nice du 19 au 23 février.

2. Associé de Michel Mortier, le directeur du théâtre des Capucines à Nice et créateur du Théâtre Michel à Paris. Il joua pour Colette le rôle d'imprésario.

3. Colette désigne ainsi à plusieurs reprises dans ses lettres une amie dont l'identité n'a pu être découverte.

4. Janot ou Jeannot, surnom de Jeanne de Bellune, demi-mondaine dont la particule de fantaisie cache une origine modeste.

5. Meg Villars, de son vrai nom Marguerite Maniez (1885-1960), était depuis 1906 la compagne de Willy qu'elle épousa en 1911.

6. La comédienne Suzanne Derval qui, plus tard, inspirera à Colette le personnage de Léa de Lonval dans *Chéri* (1920).

7. Il s'agit probablement du banquier Jules Ephrussi (1846-1915),

Marcelle Péri, encore une opération de Catherine, et une des plus brillantes. Ephrussi, très emballé, apporte tous les jours à Péri « un petit souvenir » c'est-à-dire un bijou dont la valeur varie entre dix et trente mille francs. Cathe, paraît-il, prend un air de rentière respectable, qui lui va très bien, car Ephrussi, décidé à toutes les concessions, tolère Cathe à Péri.

Quoi encore ? le béguin très vif d'Amelia Ricotti [1] pour Lantelme [2]. Si bien que, Lantelme rentrant à Paris, Ricotti l'a suivie. Pendant ce temps, la « Baronne » [3] avec un grand B, voyage à Colombo avec Ricoy [4].

Suzanne Derval perd dix-mille, Jeannot perd, la comtesse [5] aussi. C'est Willy qui f... la cerise [6] à

frère aîné de Charles Ephrussi (1845-1905), collectionneur d'art et fondateur de la *Gazette des beaux-arts*.

1. Amelia Ricotti, dite Amalia Barelli, comédienne dont les sentiments à l'égard de Colette étaient apparemment plus qu'amicaux. Elle incarne le rôle de Mélie dans *Claudine*.

2. Il s'agit de l'actrice et courtisane Geneviève Lantelme, qui se noya dans des conditions mystérieuses le 25 juillet 1911. Elle fut un des modèles de Proust pour le personnage de Gilberte dans *À la recherche du temps perdu*.

3. Hélène de Zuylen de Nyevelt de Haar (1863-1947), née Rotschild, épouse d'un aristocrate belge. Elle supplanta Natalie Barney auprès de Renée Vivien.

4. En 1907, Sacha Ricoy Antokolski succéda à Renée Vivien auprès de la baronne Hélène de Zuylen.

5. La « comtesse » apparaît à de nombreuses reprises aux côtés de Jeanne de Bellune dans les lettres de Colette à Missy. Dans ses Mémoires, Eugénie Buffet se remémore ceux et surtout celles qu'elle a croisés chez Liane de Pougy et se rappelle « le trio Suzanne Derval, la Générale Rothviller et Jeanne de Belhune [*sic*] » (*Ma vie, mes amours, mes aventures*, Figuière, 1930). La « comtesse » serait-elle cette générale inconnue ?

6. En argot, la cerise est synonyme de malchance ou de coup du sort.

Suzanne, elle ne l'a pas volé. Xavière de Leka est en train de se coller à Meg, la raison de ceci est que Leka a rapporté bijoux et argent, en tas, du Brésil. Je n'ai rencontré personne à Monte-Carlo, sauf Becdelièvre, avec la personne anonyme qu'elle avait amenée chez nous. J'ai causé un instant avec elle, à la gare, et je n'ai pas eu l'air de voir la personne. Elles avaient l'air de deux retapeuses, – qu'elles sont.

J'oublie de te dire que j'ai eu un succès fou hier soir ! Un très gros succès, Missy. Et pourtant, à Nice, on ne se déshabille pas. Je défais le haut du corsage, et c'est tout [1]. Le directeur, Morlay, est ravi, et nous a dit que Polaire, malgré deux recettes très fortes, avec « ma Gosse » n'a pas eu de succès.

J'ai gagné 6 louis et demi à la roulette. Alors Léon [2] m'a raccrochée au passage et je lui ai acheté un petit chapeau de 30 francs. Ce n'est pas excessif, hein ?

Campo est au même étage que moi, nous déjeunons ensemble demain. Il m'a fait porter sur la scène une gigantesque corbeille de fleurs ! C'est gentil, pas ?

Un vent glacial, et brutal, qui bouscule tout. Au soleil, ça va bien, mais l'ombre est meurtrière (un vers de *Chantecler* [3]) je suis contente d'être vêtue raisonnablement.

1. Dans *La Chair*, le vêtement de Yulka, l'héroïne interprétée par Colette, était déchiré par son amant jaloux et dévoilait un sein nu. André Joly, le préfet des Alpes-Maritimes, était intervenu pour interdire cette nudité.

2. Léon Hamel (1858-1917) lie amitié avec Colette aux alentours de 1906 et sera le compagnon de ses années difficiles.

3. Pièce en quatre actes d'Edmond Rostand, écrite en 1908 et représentée pour la première fois le 7 février 1910.

Je vous embrasse, ma chérie, et j'ai hâte de te retrouver. Je serai sage. Je t'aime de tout mon cœur. J'embrasse les « enfants » et je serre la patte à Paul [1].

Ta Colette

1. Ancien secrétaire de Willy, Paul Barlet se rallia à Colette au moment où le couple se sépara. Il devint son secrétaire, son conseiller et son confident.

2

Hôtel Restaurant du Chapon Fin
Bordeaux
Téléphone 802

[fin septembre 1908 [1]]

Ma chérie, je t'écris vite avant de me coucher. Je viens d'écrire une dépêche pour qu'on te l'envoie à la première heure demain. Malgré un orchestre déplorable, (qui n'a pas été, il s'en faut, aussi bon qu'à la répétition) nous avons eu du succès, et je crois bien que je puis m'en attribuer une bonne part, parce que j'ai senti que je plaisais et que Wague [2] a été trouvé trop grimaçant (on me l'a d'ailleurs dit.) Et puis il se démoralise parce que ce sacré public échange des réflexions à voix haute tout le temps, imite des bruits de baisers, chuchote, etc. Ça scandalise Wague, qui n'a jamais vu de public méridional, sans doute ! Je t'assure que les applaudissements ont sonné dru, tu sais, le bon applaudissement sec et dur, pas celui qui fait un « cloc, cloc » mou ? Je me couche, chérie. Je suis vannée. Je t'aime. Je te regrette. Tu me manques plus que tout. Sois sage, sois bien portant, surtout ! Mon Dieu, comme tu m'as désappris à vivre seule, moi qui autrefois avais une sorte de goût mélancolique et vif pour la solitude ! Je t'aime

1. Du 29 septembre au 8 octobre 1908, Colette est à Bordeaux où elle joue *La Chair* aux Bouffes Variety Spectacle Hall, avec Christine Kerf et Georges Wague.

2. Georges Vaag, dit Wague (1874-1965). Au début du XXe siècle, il renouvelle et modernise l'art de la pantomime alors tombé en désuétude. En 1905, il donne à Colette ses premières leçons de mime et devient son ami, son confident et son partenaire à la scène.

3

Hôtel Restaurant du Chapon Fin
Bordeaux
Téléphone 802

[début octobre 1908]

Ma Chérie, j'ai reçu ta lettre, sans laquelle, tous les jours, la vie ne me serait guère possible. Je trouve que Meer[1] a du toupet de dire que la B^onne[2] ne veut pas que je joue sa pièce, quand c'est moi qui n'en ai pas voulu ! Et puis, Suzanne[3] peut dire aussi bien qu'elle gagne trois cents francs par jour, quand Blanche Toutain[4] ne gagne que cinq louis[5], et 150 F au maximum. Tu penses, dans un petit théâtre, si on donnait comme ça à tout le monde des cachets d'étoile, ça serait trop beau... mais pas pour le directeur, et le théâtre fermerait dans huit jours. Ma chérie, tu ne me dis rien de ta mâchoire ? c'est donc qu'elle va mal ? Ne fais pas ça surtout ! Tu sais les crevettes sont énormes, ici, et d'une fraîcheur ! Mon

1. Co-directeur avec Duplessy de l'Alcazar de Bruxelles.

2. Il s'agit peut-être de la baronne Hélène von Zuylen. Elle écrivit plusieurs pièces de théâtre dont, en 1908, *Béryl*, pièce en quatre actes tirée de son roman *L'Impossible Sincérité* (1905).

3. Suzanne Derval.

4. Cette célèbre étoile avait tenu le rôle-titre de *Nono*, la première pièce de Sacha Guitry, lors de sa création aux Mathurins le 6 décembre 1905.

5. Un louis équivaut à vingt francs. Pour prendre la mesure des sommes avancées ici, on se reportera aux chiffres cités dans *L'Envers du music-hall* (1913) où il est dit qu'un « tour de chant » gagne sept francs par jour et une figurante entre cent soixante et cent quatre-vingts francs par mois. À titre de comparaison, un ouvrier gagne en moyenne mille cent francs par an.

chéri, je m'embête à crever. Je rentre à pied ici le soir toute seule, à 11 h 1/2 personne ne me reconduit, je ne prends une voiture que pour aller au théâtre, après dîner. Écris-moi. Pauvre Poucette[1] ! elle m'aime, la rosse, au fond. Je voudrais, c'est le comble... jouer en matinée tous les jours pour user le temps !

Au revoir, mon amour, je ne pense qu'à vous, il y a encore trois jours et demi entiers et un de voyage. Je t'embrasse, je t'embrasse, mon velours.

1. Chienne de Colette qui apparaît dans *La Paix chez les bêtes* (1916).

4

Hôtel Restaurant du Chapon Fin
Bordeaux

[octobre 1908]

Missy chérie, une dépêche de Willy m'a appris le gros succès de Meg[1] et j'en suis contente. J'attends les journaux du soir, il n'est que 3 h 1/2, et ils arrivent à 7 h 1/2 ou 8 heures. Mon amour chéri, j'ai votre longue lettre et je suis bien contente. Vous savez, si réellement ce chien n'est bien qu'à bouffer la loutre, vous devriez le reporter et prendre un autre chien, ou une autre race. Je ne veux pas qu'il vous empoisonne la vie !

Toujours la même chaleur, hélas. Je viens de chez le photographe, où il faisait plutôt bon ! Il vaut mieux laisser des clichés un peu partout, pour ce que ça coûte ! Ce matin le patron de l'hôtel, un homme pas jeune mais très gentil, m'a présenté un homme qui déjeunait avec lui, et qui n'est autre (je crois ?) que mon fameux admirateur.

Je dois dire à sa louange qu'il a eu le nez de ne pas me parler de la fleuriste-messagère ! Il vient tous les soirs aux Bouffes, m'a-t-il dit, et c'est un homme avec qui on peut causer. Je lui ai octroyé, une demi-heure de conversation, pendant le déjeuner ! pas après, tu penses bien. Il a mis son auto à ma disposition, j'en ai profité immédiatement pour... monter dans ma chambre. Le patron de l'hôtel, Mendiondos,

1. Willy tenta un temps de faire de Meg Villars une nouvelle Colette-Claudine en favorisant sa carrière au music-hall.

connaît tout Paris et la province, c'est lui qui a lancé et imposé Régina Badet[1]. Si jamais, mon Missy chéri, vous m'accompagniez à Bordeaux, vous auriez au moins un hôtel plus qu'agréable, et une cuisine comme on en voudrait chez soi. J'ai reçu ta dépêche, ma chérie, toute joie et plaisir et tout le tremblement ! tu as bien fait d'envoyer Dufayel où il mérite d'aller. Tu m'as choisi un buste, mon si gentil ? pourvu qu'il ne soit pas *trop* bien. Vous me gâtez beaucoup. C'est pour me consoler de mon exil, dites ? Que je serai contente de revenir !

Demain nous jouons en matinée, et malgré la chaleur je m'en réjouis presque. Songez donc, la journée ne va pas peser lourd ! Vous me trouverez vieille et lourde, je suis sûre, c'est que je dors mal et je m'abîme les yeux à trop lire, et même à écrire, hier après-midi j'ai fait un article pour la *Vie*[2]. Le petit [*mot illisible*] est revenu ? tant mieux. Alors, Meg dîne avec Suzanne ? ça va bien ! Ô logique, pour quelqu'un qui n'irait pas au bout de la phrase : « Je t'écris au crayon parce que le gaz ne marche pas. » Je ne peux pas manger de confiture parce que j'ai oublié mes bretelles ? Je t'aime. Je piétine pour faire avancer le temps. Je t'embrasse, mon cœur chéri, c'est toi ma vraie Raison-de-vivre

Ta Colette

1. Célèbre danseuse du début du siècle.

2. *La Vie parisienne*. Colette a commencé à collaborer à cet hebdomadaire en 1904 et y publiera des extraits des *Dialogues de bêtes*, de *L'Envers du music-hall* et des *Vrilles de la vigne*, ainsi que l'intégralité de *La Vagabonde* et de *L'Entrave*.

5

Hôtel Métropole[1]
Bruxelles

[novembre 1908[2]]

Ma chérie, je rentre. Il est l'heure de dîner et je meurs de faim. On a répété très longuement, et très sérieusement. Mais ce qui m'embête, c'est de n'avoir rien reçu de toi, depuis mon départ. Il est près de 7 heures, il n'y a plus qu'un courrier, j'ai eu ce matin un tout petit mot de Willy, et c'est tout. Quand donc a-t-on mis ta lettre à la poste ? Je suis un pauvre enfant sans lettre. Je me réjouissais tant de trouver l'enveloppe bleue avec ta petite écriture régulière... ça me fait vide !...

J'ai tué ma soirée en écoutant le *bonheur de Jacqueline*, à qui je vais succéder. C'est d'une basse sensiblerie qui écœure, c'est idiot ! Ce soir, je vais faire un tour à l'Alhambra, ne sachant où traîner mon corps, c'est en face de l'hôtel, à peu près. Je suis fatiguée, parce que non seulement je répète, mais je fais répéter. Songe que je suis auteur, aussi[3]... Tout

1. Situé au cœur de Bruxelles, sur la place de Brouckère, le Métropole compte parmi les plus luxueux hôtels de la ville. Logée dans les meilleurs hôtels grâce à Missy, Colette échappait à la vie misérable dépeinte dans *L'Envers du music-hall*.

2. À partir du 10 novembre 1908, Colette répète *Claudine à Paris*, la pièce que Willy avait tirée des deux premières *Claudine*. Le rôle avait été créé par Polaire en 1902 au théâtre des Bouffes-Parisiens.

3. Colette ne revendiquait pas encore la paternité des *Claudine* mais à l'occasion de cette reprise de *Claudine à Paris*, elle avait procédé à des remaniements « dans le sens autobiographique » (*Comœdia*, 13 octobre 1908).

le monde est empressé, docile, on me traite en grand manitou, mon chéri ! Tu devrais venir voir ça. Nous ne débutons que lundi, les artistes actuels ont leur engagement jusqu'à dimanche soir. Mais je crois que je serai libre tout de même le 30, sois tranquille ! Le 30 au soir bien entendu. Ma chérie, tu n'es pas malade, au moins ? tu as bien mis l'adresse ? tu n'as pas d'accident d'auto ? Je suis inquiète. Zut, je vais t'envoyer une dépêche. Renaud[1] est un beau garçon, trop gras, qui n'est pas bête, mais qui avait pris le rôle d'un vieillard !!! Je vais tâcher de le rajeunir ! Dis ça à Willy, je n'ai pas le temps de lui écrire, je tombe de faim. Ma chérie, tu viendras bientôt, dis ? Dans une semaine, je dis un *Dialogue de Bêtes* dans une matinée.

Je t'aime. Bon Dieu que je me déplais sans toi ! J'ai été demander Bady[2] au G^d^ Hôtel, on n'a pas de nouvelles d'elle. Je t'embrasse de tout mon cœur. Ne prends pas froid. Aime-moi un peu...

1. Ce rôle était tenu par Laurel, un jeune premier que Colette jugeait sévèrement.

2. Berthe Bady (1866-1921) était une comédienne d'origine belge. Elle fut l'épouse et l'interprète fétiche du dramaturge Henry Bataille (1872-1922) dont elle jouait alors *La Femme nue*, un de ses plus grands succès.

6

Le Grand Hôtel
Bruxelles

[début novembre 1908]

Ma chérie, j'ai enfin ta lettre ! Comme tu as bien fait pour Liane[1] ! Il n'est réellement plus possible de voir des gens comme celle-là. Et je ne pense pas que la comtesse insiste pour une autre entrevue, n'est-ce pas ? Je t'écris au G^d^ Hôtel[2], en attendant Bady qui va descendre, nous dînerons ensemble et j'en suis bien aise, je m'ennuie si fort de toi – Quand je pense que je n'ai pas encore commencé à jouer... c'est terrible ! Répétition toute la journée, j'ai la gorge fichue. Ma chérie, venez-vous bientôt ? J'ai vu aussi Grand[3] et la petite Romano son épouse illégitime. Ma chérie, ne m'oubliez pas trop en compagnie de vos autres amis ! Je ne le mérite pas, – et je sais que vous êtes le juste Missy. Je sais aussi – je crois, j'espère – que vous aimez un peu votre faux enfant qui vous attend de toutes ses forces.

1. La demi-mondaine Liane de Pougy (1870-1950) était célèbre pour sa grande beauté. Ses relations avec Colette débutèrent favorablement avant de s'envenimer. Dans ses Mémoires, Liane de Pougy dénonce « son insincérité, ses simagrées, son talent cependant, et son infernale méchanceté » (*Mes cahiers bleus*, Plon, 1977, p. 101).

2. Du 10 au 29 novembre 1908, Colette se produit à l'Alcazar de Bruxelles pour une série de quinze représentations de *Claudine à Paris*.

3. George Grand, acteur d'origine écossaise, sociétaire de la Comédie-Française de 1906 à 1921.

7

Hôtel Métropole
Bruxelles

[fin novembre 1908]

Ma chérie chérie, je viens de recevoir toutes les lettres que tu m'envoies – et la tienne qui n'est guère longue, mais tu m'en promets une autre, alors ! Figure-toi que j'étais déjà un peu tourmentée, parce que je n'avais rien au courrier du matin ! Je suis si serin. Je viens de conduire Meg à la gare après un déjeuner rapide. Je venais de finir ma lettre pour toi hier quand on frappe et... paraît Meg, modeste et fière à la fois ! Pauvre Meg, elle est arrivée avec une Pauline[1] en avance, sans munitions d'aucune sorte mais avec un mal au ventre ! Elle m'a quand même accompagnée à la taverne et au Théâtre, et je lui ai fait donner une boule dans son lit, pas au théâtre. J'étais bien contente de la voir. Mais figure-toi qu'en la voyant entrer au lieu de Jacques[2] j'ai pensé que peut-être il t'était arrivé quelque chose... Je n'ai même pas osé le lui dire, j'ai bien vu tout de suite qu'il n'y avait rien de cassé. Elle m'a beaucoup parlé de

1. Expression couramment employée par Colette pour désigner une indisposition typiquement féminine.

2. Jacques Gauthier-Villars (1889-1975), le fils que Willy avait eu en 1889 d'une liaison avec Marie Servat, l'épouse du dessinateur Émile Cohl (1857-1938). Malgré les hostilités qui éclateront bientôt entre Colette et son père, il conservera toujours sa tendresse et son admiration pour elle. Ce lien presque filial sera quelque peu troublé par le lourd réquisitoire que l'écrivain dresse contre Willy dans *Mes apprentissages* (1936).

Suzanne et de Gaby de Naval[1], et elle a dit que sûrement Suzanne serait très intéressée de savoir Meg partie tout d'un coup comme ça pour 24 heures !

Nous avons vu enfin Bady, à la taverne, nous avons dîné à côté d'elle. Elle est malade comme un chien et reste couchée le jour. Le climat de Bruxelles est terrible, si tu voyais ces alternatives de pluie glacée, de soleil et de vent ! Mon pauvre cousin Rapha[2], qui ne rêve, en demi-nègre[3] qu'il est, que de soleil et du midi, me disait que ce climat bruxellois est un des plus dangereux et qu'il n'y est pas du tout habitué, depuis près de 50 ans.

Ma chérie, avez-vous remarqué que les *littérateurs*, comme Mortier, Croisset, etc.[4] me complimentent surtout pour la « Nuit Blanche » ? Je savais bien que je n'avais jamais rien écrit de meilleur. Si un peu d'orgueil doit en revenir à quelqu'un, c'est à vous, mon amour. Sans vous je ne l'aurais pas écrite. Je vous la dois *cette « Nuit Blanche »... Elle est à vous*[5].

1. Gaby de Naval, demi-mondaine qui fit carrière au music-hall.

2. Raphaël Landoy (1856-1923), neveu de Sido, la mère de Colette, suivit les traces journalistiques de son père, Eugène Landoy, sous le pseudonyme de « Rhamsès II »

3. Allusion à la légendaire goutte de sang noir des Landoy.

4. *Les Vrilles de la vigne* marquent un tournant dans la reconnaissance littéraire de Colette. Les articles élogieux ne manquent pas, signés de Pierre Mortier, le directeur du *Gil Blas*, de Francis de Croisset, et d'une certaine Louise Lalanne, pseudonyme de Guillaume Apollinaire : « Il y a là des beautés de tout premier ordre qui ne sont rien d'autre que d'émouvants frissons de la chair », *Les Marges*.

5. Colette a souligné ces mots deux fois. « Nuit blanche » est le deuxième chapitre des *Vrilles de la vigne*. Tout comme « Jour gris » et « Le dernier feu », il porte cette dédicace transparente : « Pour M... ». Colette réunira les trois textes sous le titre *Pour Missy*, une

Encore cinq jours et demi... Je vais tout à l'heure au théâtre, pour répéter un *Dialogue de Bêtes* avec Duplessy. Encore salle pleine malgré le lundi et le mauvais temps ! Si tu voyais la figure du gros Théo [1] ! C'est du délire. Enfin, tant mieux.

Tu t'es ravisée pour l'auto ? Je ne sais pas si c'est très très bien... un homme renvoyé qu'on garde, tu sais. Enfin on le verra bien. Les taxis ne manquent pas, Seigneur, tous les jours de nouvelles compagnies en lancent.

Demande chez Willy qu'on te montre la lettre d'Armande de Chabannes [2], que j'ai confiée à Meg, et garde-la ! J'ai donné aussi mon collier d'opales à Meg, qui te le remettra, je n'ai pas besoin de ce souci constant. Mes bagues je ne les quitte pas, alors... Heureusement il y avait une petite chambre sur la cour dans le couloir pour Meg. Elle est très jalouse du chat à cause de Willy ! Je pense qu'elle doit être aussi jalouse de l'éponge avec laquelle Willy se lave la figure ? Au revoir, mon amour. Je suis sage. Je m'impatiente avec patience, si j'ose ainsi dire. Et je vous aime. Et je vous embrasse, mon velours chéri. Embrassez-moi bien, comme dans la voiture où je te conduisais à la gare.

Ta Colette

plaquette de vingt-huit pages à tirage unique, luxueusement imprimée en décembre 1908 et illustrée d'aquarelles de Gustave Fraipont.

1. Le nouveau propriétaire de l'Alcazar de Bruxelles.

2. Armande de Chabannes était évoquée dans l'édition originale des *Vrilles de la vigne* (1908). Son mari avait écrit à Colette pour réclamer la suppression de son nom.

8

Hôtel Métropole
Bruxelles

[fin novembre 1908]

Ma chérie, j'attends Hamel. Peut-être m'apportera-t-il un mot de toi ? Merci pour ta lettre, ta si gentille lettre chérie que j'ai trouvée hier en rentrant du théâtre, elle m'a rendue si contente ! Tu es un charmant Missy. Mon Dieu, je touche presque à la veille de mon retour ! Pauvre Hamel, ça m'ennuie de le laisser seul de 1 heure à 5 heures ! Enfin.

Je viens d'assister à deux actes (rép. g^le^) de *l'Aînée*, la pièce de Jules Lemaître[1] qui succède lundi à *Claudine.* Anna Ratcliffe y est consciencieuse, froide, embêtante comme la pluie. C'est une brune régulière, tu sais, la brune régulière qui se coiffe en bandeaux et qui fait facilement z'yeux blancs, parce qu'elle a de beaux sourcils et de beaux yeux. La pièce est meilleure qu'elle ! Je doute qu'ils fassent d'aussi bonnes recettes que nous.

Chérie, j'attends Hamel avant de finir ma lettre, et je t'embrasse si tendrement. *Tiens bon pour Matteo*[2] ! Et tu es si gentil d'avoir fini ma pancarte de loge. Je suis sûre qu'elle est très jolie ! Oui, oui, l'engagement est arrivé à son heure, ne t'inquiète pas !

Hamel est là, il ne m'a pas encore montré la

1. Jules Lemaître (1853-1914), critique, écrivain et poète français élu à l'Académie française le 20 juin 1895.

2. Il s'agit probablement du chauffeur évoqué dans la lettre précédente.

pancarte qui est dans sa valise, mais il n'a pas de lettre de toi. J'en aurai peut-être une ce soir comme hier ? Pour ne pas rater un courrier, je ferme tout de suite. Nous prendrons lundi le train qui part de Bruxelles à midi 59, enfin celui qu'a pris Meg.

Je t'embrasse, mon amour chéri, de toutes mes forces.

Ta Colette

9

Grand Hôtel du Globe et de Rome
O. Girard, Propriétaire
21, rue Gasparin (près Bellecour)

Lyon, [début décembre 1908 [1]]

Ma chérie aimée. Il est minuit 1/2. Je suis lavée et ma malle est défaite. L'hôtel est affreux, antique, des alcôves. Mais on a enlevé les portes d'alcôves et mis des radiateurs, et les gens ont l'air charmant. C'est patriarcal, démodé, tranquille, six francs, il est donc probable que j'y resterai. Je t'écris tout de suite, pour me rapprocher un peu de toi, je viens de donner une dépêche qui partira le matin de bonne heure. La répétition est à 10 heures du matin, on arrête à midi et on reprend à 2 heures. Ça promet ! Je m'en fiche. J'aime mieux être fatiguée, le temps paraît moins long. Ma chérie !!! je ne veux plus m'en aller comme ça ! Ton faux enfant puni se lamente en dedans. Et puis je vais acheter une lampe à pétrole demain pour écrire, l'électricité est trop haute.

Dis à Willy, mon amour, deux choses :

1° Que Maurice Boutry m'a payé à dîner à Dijon
2° que je suis arrivée au Globe en même temps qu'Émilienne de Serres, la sœur de Louis [2]. Ça lui peindra tout de suite le genre de l'hôtel.

1. Du 10 au 16 décembre 1908, Colette est à Lyon où elle joue *Claudine à Paris* à la Scala.

2. Le compositeur Louis de Serres (1864-1942), disciple de Gabriel Fauré, à qui Colette dédie « Toby-Chien et la musique », un chapitre des *Vrilles de la vigne*. Il est aussi mentionné dans *Mes apprentissages* (1936) et dans *L'Étoile Vesper* (1946). Sa femme connut de sombres démêlés avec le couple Gauthier-Villars (voir lettre 22).

J'ajoute pour toi, mon chéri, que Maurice Boutry est un cousin éloigné de Willy.

Je me couche. Je t'embrasse. Je pense avec une amertume insupportable à notre joli chez-nous, à ta chambre bleu et argent, à ma chambre rose, à la lumière blanche et gaie, à ta chère figure, et alors... mais je me retiens. Je t'aime. Je te suis, jusqu'au fond de moi, profondément reconnaissante de tout ce que tu es pour moi, de tout ce que tu fais pour moi, je t'embrasse de tout mon cœur, mon amour chéri.

Ta Colette

Je me suis arrêtée pour saigner du nez... Ça ne peut pas me faire de mal.

10

Grand Nouvel Hôtel

Lyon, le [11 décembre 1908]

Tu as reçu ma dépêche, ma chérie, et tu sais que nous avons un grand succès. Un public décidé à trouver charmante la moindre grimace de ton faux-enfant insupportable, alors j'ai joué très en dehors, c'est ce qu'il faut ici. Les camarades sont ravis et tout le monde dit « Oh ! c'est quinze jours et non pas six qu'il faut jouer ça ! » J'ai répondu que je ne resterais pas 24 heures de plus, et que puisque je faisais de l'argent, on savait où me retrouver et... on me paiera plus cher. N'est-ce pas ? ils ne se doutent pas que la meilleure raison, pour moi, la seule qui compte elle est rue Torricelli, et ella [*sic*] des cheveux cendrés et des yeux mordorés qui paraissent noirs...

Me voici en nouvel hôtel, mais je n'ai pas encore ma chambre avec salle de bains particulière, les gens s'en vont dans une heure. Alors je suis sans refuge autre que la salle de correspondance. Et il pleut. Hier soir si tu savais sous quelles rafales de pluie et de vent j'ai dû aller au théâtre ! On ne trouve pas un fiacre !

Figure toi, mon Missy, que Rasimi, le directeur de la Scala associé à Baret[1], est venu me féliciter dans ma loge ! ça ne te dit rien ? ça a produit une sensation dans le théâtre. C'est la 1re fois que ce braque aux mauvais yeux faux se dérange pour un artiste en

1. Charles Baret (1860-1934) lance en 1880 les tournées théâtrales qui portent son nom. Comme toutes les vedettes de son époque, Colette collabora avec cet organisateur chevronné.

représentations. Alors je suis flattée comme il convient. Encore 6 jours. Quand j'aurai attrapé le dimanche, je me sentirai... J'ai eu une nuit pleine de cauchemars. Je me suis battue avec [*illisible*] et avec une serveuse de restaurant, et même [*illisible*] avait un couteau dont je sentais le froid... Et puis tu partais pour voyager sur la mer, et je voyais le bateau et tu étais trop pâle avec des yeux trop noirs. J'ai eu la fièvre de cauchemar, et il m'en reste une bonne migraine... Il y avait aussi une pauvre Poucette triste.

La mère Barelli et le petit Vermeil[1] sont gentils pour moi, ils m'ont mis des bouquets de violettes dans ma loge. Entre nous, la mère Barelli s'allume terriblement, mais je fais preuve d'une incompréhension si touchante, chère Missy ! Le petit Vermeil est un Marcel comme jamais nous n'en avons eu, joli garçon, chic, tante, pas bête en scène, très rosse dans la dernière scène, enfin très bien. Vouthier, très laid, et très bon en Renaud, le père trop bavasse.

Tu as gagné au bridge, ma chérie ! et au poker ! Ma conduite est pourtant irréprochable, c'est à n'y rien comprendre !

Il pleut, naturellement. Sale pays !

1. Gaston Vermeil, l'acteur qui interprétait le rôle de Marcel dans *Claudine*.

11

[*Télégramme :*] Paris Central. 15 décembre 1908
P LYON 63016 - 42 -15-9^{H}10 M

PRIÈRE INSTANTE D'ENVOYER ENCORE PETIT TÉLÉGRAMME POUR ATTÉNUER EFFET DES LETTRES REÇUES CE MATIN = ON ÉTAIT MALADE SAMEDI DERNIER ON AVAIT ÉCRIT À MAX [1] SOUS L'INFLUENCE DE LA FIÈVRE ON NE RECOMMENCERA PAS TENDRESSES = COLETTE

1. C'est-à-dire Missy.

12

25, rue Torricelli[1]

[avril 1909]

Mon amour chéri, je viens de recevoir ton télégramme de Beauvais, je suis bien contente. Mais tu vois, tu as froid. J'étais sûre que tu aurais froid ! Rien reçu d'intéressant au courrier, une courte lettre de Fersen[2], c'était tout. La petite Clarens[3] a téléphoné pour me demander quelques lignes « sur les modes actuelles », je viens de les écrire. *La petite Mielly*[4] (autre jeune fille du monde actrice) a téléphoné aussi, je passerai dire adieu chez sa mère en rentrant ici car j'irai chercher mon billet et faire viser ma prose. Et c'est tout. Je suis tout seul !

Willy a téléphoné – naturellement. Je l'ai fait *droguer*[5], en coupant la communication, puis en disant

1. Domicile de Colette depuis la fin de septembre 1908. Cette partie de la rue devient rue Saint-Senoch à partir de décembre 1909. Le logement qu'elle occupait porte aujourd'hui le n° 9.

2. Le baron Jacques d'Adelsward-Fersen (1880-1923), poète et romancier, a défrayé la chronique parisienne en 1903 à cause d'une retentissante affaire de mœurs impliquant de jeunes garçons (affaire dite des « messes noires ») ; il sera condamné à six mois de prison. Il s'expatrie à Capri en 1905 où il fait construire la somptueuse villa Lysis, fréquentée par toute une société interlope et cosmopolite. En 1909, il fonde la revue *Akademos* dans le but de « réhabilite[r] l'autre Amour ». Colette y publiera plusieurs textes.

3. Juliette Clarens, journaliste à *Comœdia*. Elle a pour consœur Annie de Pène, amie intime de Colette et mère de Germaine Beaumont.

4. Andrée Mielly, jeune comédienne que Willy avait prise sous son aile et dont il tentera vainement de lancer la carrière.

5. En argot, attendre, faire le pied de grue.

à Francine[1] de crier des allô allô et de raccrocher après. Il a recommencé trois fois, et pourquoi ?... *Pour me souhaiter un bon voyage*[2]. Je n'invente rien.

Lemaître[3] a téléphoné (quelle matinée !) Je lui ai dit que tu rentrais lundi, et moi mardi, il a dit que c'était très bien comme ça.

Mon amour, je t'embrasse. Je voudrais ne jamais être méchante, ni impatiente, ni « irrespectueuse ». Mais je suis un cheval si mal mis ! Une bête cabocharde qui vous aime pourtant de tout son cœur.

Ta Colette

Mille amitiés très affectueuses à notre Hamel.

1. Domestique qui était au service du couple Gauthier-Villars. Sido voyait en elle une « âme damnée » de Willy (lettre à Colette du 11 décembre 1910, *Lettres à sa fille*, Des femmes, 1984, p. 399).

2. Colette s'apprête alors à traverser la France pour une tournée de représentations de *Claudine à Paris* dont le lancement aura lieu à Nevers le 14 avril 1909, et s'achèvera à Saint-Quentin le 16 mai.

3. Il s'agit probablement de Victor Lemaître, avocat auquel Colette s'adresse le 27 octobre 1908 au sujet d'un testament réciproque entre elle et Missy.

13

Grand Hôtel Moderne
Café-Restaurant - Salle de Billards
Téléphone 32 24

[Liège, 14 mai 1909[1]]

Mon amour chéri, je ne sais pas quand cette lettre t'arrivera. Mais j'ai reçu ta dépêche, et je suis moins inquiète. Mon pauvre amour, j'ai un grand remords de songer au métier que tu as fait pendant ce long mois[2]. J'en ai de la honte et une infinie reconnaissance et je suis honteuse de t'avoir ennuyée encore en te demandant de rester jusqu'à la fin... Pauvre petit qui avais si froid ce matin, et tout fatigué et plein d'urticaire[3] ! Ma chérie aimée, tu as dépassé, pendant cette tournée, tes promesses et mon espoir et j'ai eu le cœur d'insister pourtant, et de te demander de me donner encore pendant trois jours, l'ombre de ton aile... Je sais que c'est mal, je sais que j'abuse mais vous savez bien que je n'ai que vous dans la vie, et que si j'ai des doigts écrasés, du chagrin ou une chaussette perdue, je n'ai pour tout cela qu'un cri « Missy ».

Mon chéri, nous sommes dans un hôtel charmant, qui a des mobiliers anglais, du linoléum par terre,

1. Le 14 mai 1909, la tournée *Claudine à Paris* fait étape à Liège d'où Colette expédie cette lettre.

2. Missy a accompagné Colette pendant presque toute la durée de cette tournée, faisant office d'habilleuse, de maquilleuse, de coiffeuse.

3. Tout au long de sa vie, Missy devait souffrir de crises d'urticaire chroniques.

qui est verni et luisant et la grande chambre où je suis coûte 5 francs et les repas 2 et 1.50 !!! C'est épatant, n'est-ce pas ? La ville est très gaie, très animée, Liège est la plus française et la plus jolie des villes belges, elle ne vous aurait pas déplu. La location pas mauvaise du tout. L'hôtel très loin du théâtre, malheureusement.

As-tu lu le *Rire* ? Achète-le. Faut-il être méchant et cochon pour ce pauvre Janot[1] ! Si quelques femmes seules s'unissaient... on pourrait faire quelque chose de bien, tu sais. N'en parle pas (de ce projet) avant quelques jours, nous en causerons avec Paul.

Je vais me reposer, chérie. Ce voyage à changements et à douane est éreintant, j'ai une g... !. Au revoir mon amour, encore 3 fois 24 h sans vous, car il n'est pas tard et je ne vous verrai que lundi après déjeuner, peut-être ? Barelli est bien mal en train, et tout à fait aphone, ce qui est gai ! Mon trésor, je t'embrasse de tout mon cœur qui est à vous. Je vous remercie tant pour tout ce que vous avez fait pour moi ! Sois sage, ne sois pas malade, et qu'il ne t'arrive rien, et maintiens-toi en sécurité et santé, quand ce ne serait que pour ton faux enfant qui t'aime.

Colette

Barelli t'embrasse, naturellement. La troupe, qui croyait te voir ce matin, te dit mille choses, même les deux bande-à-part. Et Barelli ne peut pas se faire à ton absence. Au wagon-restaurant elle me demande

1. Jeanne de Bellune avait été la cible d'un article moqueur écrit par Willy dans la revue satirique *Le Rire*.

« Est-ce que Max voudra de l'eau d'Évian ? ils n'ont pas de Vittel » Alors nous avons ri, avec des yeux qui avaient mangé de l'oignon.

Et les bêtes ??

14

Buffet-Hôtel de la Gare de Maubeuge

[15 mai 1909]

Ma chérie, je t'écris ici où nous nous arrêtons 1 h 1/4. En arrivant là-bas il serait trop tard pour le courrier. Peut-être trouverai-je un mot ou une dépêche de toi ! Hier à Liège très gros succès, recette moins grosse, parce que la saison est finie, mais belle salle tout de même ! Mon chéri, en sortant de scène après le 2e acte, figure-toi que je te cherchais partout sur le côté de la scène, là où tu étais toujours. Mon Dieu, que je suis peu de chose sans toi. J'ai bien refait la malle avec Barelli, mais ce matin, je n'ai pas pu refaire le sac comme toi, tout avait augmenté terriblement de volume, et poil-de-chameau a refusé catégoriquement d'y rentrer, alors je le balade sur mon bras, voilà tout. Cette nuit, un froid comme *jamais* de ma vie je n'en ai enduré, j'ai entassé tout ce que j'ai trouvé sur mon lit, et le froid (malgré la boule !) m'a empêchée de fermer l'œil jusqu'à l'aube. Barelli a eu tout aussi froid que moi. Mon amour, je suis tout seul. Encore une grande journée, et la moitié de l'autre. Et si les chemins de fer s'en mêlent ? J'ai envie de prendre le train de nuit. Michel dit que ce serait peut-être prudent. Alors ? je tâcherai de t'envoyer une dépêche si nous le prenons. Pour quelques heures de repos nous vois-tu bloqués à St Quentin ?

Je ferme, mon amour chéri. Je suis sage. Je ne me lamente pas, sauf à l'intérieur. Je me languis de toi. Qu'est-ce que tu fais à cette heure-ci ? je voudrais bien être avec toi ! Viendras-tu à la gare à 4 h 5 du matin ? il vaudrait mieux que tu restes au chaud, et que tu commandes seulement un taxi auto pour Mme Colette Willy ? Enfin je tâcherai de télégraphier demain. Je t'embrasse de tout mon cœur comme je t'aime, et je ne pense qu'à vous.

Votre faux enfant

Colette Willy

15

[*Lettre incomplète*]

[printemps 1909]

[...] retour du greffe les lettres importantes que j'avais versées au dossier, et puis chez Philippe. Demain je verrai [*nom illisible*] et Sacha, la pièce [1] est définitivement remise à Octobre, mais il faudrait qu'on me gardât dans la distribution. Sacha m'en a déjà parlé ce matin. Il faut aussi que je voie Wague, qui voudrait que je répète *La Chair* avec le jeune danseur [2] qui remplace Kerf [3]. Je vais aller chez Ollendorff [4] aussi. Maman me supplie de venir à Châtillon [5], mais il vaudrait peut-être mieux que j'attende un peu, je pourrais la voir en passant à Paris en juin, quand j'irai à Genève le 23 [6] ?

Ma chérie, si je t'ai écrit des choses maladroites ou révoltantes dans cette lettre ne m'en veux pas, je ne

1. En fait, la pièce sera reportée au mois de novembre. Il s'agit de *C'te pucelle d'Adèle...*, une comédie en un acte et deux tableaux de Sacha Guitry qui sera représentée à la Gaîté-Rochechouart du 19 novembre au 9 décembre 1909. Colette fera sensation dans le rôle d'Adèle Glaviault, déclenchant l'enthousiasme de la critique.

2. Peut-être s'agit-il de cet élève de Georges Wague que Colette surnomme « Q. à Boutons » en raison de ses disgrâces physiques dans une lettre adressée à son maître en mai 1911 (*Lettres de la Vagabonde*, Flammarion, 1961, p. 52).

3. Christine Kerf formait avec Colette et Georges Wague un trio qui fit les beaux jours du music-hall avant guerre.

4. Paul Ollendorff, l'éditeur de trois des *Claudine*, de *L'Ingénue libertine* (1909) et de *La Vagabonde* (1910).

5. Sido habitait à Châtillon-Coligny dans le Loiret. Le voyage envisagé par Colette n'aura pas lieu.

6. Colette se produira dans *Claudine* au parc des Eaux-Vives à Genève au mois d'août 1909.

suis pas dans un bien brillant état de nerfs après ces trois jours-ci.

Je t'embrasse de tout mon cœur, qui sait, lui, se garder à celle qui le mérite tout entier, à celle qui méritait mieux que

Colette

16

Grand Hôtel de Noailles et Métropole
Marseille

[début juin 1909]

Mon amour chéri, j'ai enfin reçu une lettre de vous, la première ! Je suis bien contente. Elle est bougon, elle est gentille et je la trouve délicieuse, puisque vous dites que votre odieux enfant vous manque ! Ma chérie, cela suffit pour me combler de joie, et j'en suis devenue rouge, toute seule, de plaisir, d'une sorte d'orgueil amoureux. Que ce mot ne vous choque pas mon pudique petit Missy, il n'y a vraiment que le mot amour qui puisse servir pour dire la complète, la complexe et exclusive tendresse que j'ai pour vous.

Ma chérie, tu as failli mourir de faim au Crotoy[1] ! C'est affreux à penser. C'est un ignoble endroit, en dehors de l'endroit que nous habitons, et au point de vue de la « ville ». Tu sais, ta dépêche de bonne arrivée à Paris, je l'ai attendue toute la soirée, et je commençais à m'affoler, je ne l'ai eue qu'en rentrant du théâtre[2]. Les Corren de Salon (Corren est un ami de Wague) nous ont emmenés prendre une tasse de chocolat dans un café, mais je n'ai pas traîné, je voulais aller voir si ta dépêche était là.

Je reviens de ma matinée. Avant, nous avons pris

1. Station balnéaire de la Somme où Colette et Missy prennent leurs quartiers d'été de 1906 à 1910.

2. L'Eldorado-Casino de Marseille, où *La Chair* est représentée du 4 au 7 juin 1909.

pour 3 sous le tramway de la Corniche et nous avons fait une jolie et économique promenade, le long d'une mer ridiculement bleue, et fouettée de blanc, un peu chromo mais superbe. Le succès est toujours très vif, et nous jouons bien. J'attends Pauline, hélas, et je suis mal à mon aise. Si elle pouvait différer son arrivée jusqu'à mon départ !

Chloé est ici, il m'a fait passer un mot au théâtre tout à l'heure, mais il est en famille !

Toujours le même temps, frais, ravissant, on aurait froid si on restait immobile à l'ombre, croirais-tu cela ? Le vent est délicieux et l'air si léger.

As-tu vu dans le *Cri de Paris* une note sur *Andrée Mielly* qui devait danser nue des danses indoues chez Mme T... ? Elle ne va pas être contente ? C'est sans importance d'ailleurs.

Encore tout un grand jour, ça fait deux avec celui du voyage. Ma chérie ! Il me semble que je t'ai quittée depuis longtemps, je ne sais pas pourquoi. Je t'aime si fort. Je t'embrasse de tout mon cœur.

Ton enfant insupportable.

Colette

17

Grand Hôtel Noailles et Métropole
Marseille

[début juin 1909]

[*Suscription*] Les Robinson Gold baissent. Qu'allez-vous faire ? demandez à Hamel !

Ma chérie, je n'ai pas encore reçu de lettre de toi et il est plus de 2 heures ! je ne suis pas inquiète, puisque j'ai eu tes télégrammes mais je trouve que la poste va bien lentement. Je viens déjeuner, chez Basso [1] naturellement. Le coup d'œil y est charmant et j'y déjeune de 3 à 4 F 50. Ô Missy, les cerises à Marseille en ce moment ! Je n'en ai mangé de pareilles que chez moi, autrefois. Elles sont énormes, tendres, gonflées, on les cueille sans soin avec des branches, de sorte que j'ai presque le plaisir de les cueillir, et elles ne font qu'un saut de l'arbre à la table, sûrement, leurs queues sont fraîches et vertes, et elles sont sucrées ! Toi-même tu les trouverais délicieuses. Et quelle abondance de fleurs, ici ! On marche dessus. Si tu voyais les gerbes d'œillets, que j'ai dans ma chambre, l'une chair, l'autre couleur de rose-thé avec de petites taches sanglantes, ce sont des merveilles, et qui coûtent si peu d'argent.

Je n'ai pas Pauline encore, mais Kerf l'a à ma place et reste couchée aujourd'hui. Pourvu que tu voyages sans ennui mon amour ! Tu es bien gentil de

1. Restaurant marseillais célèbre pour sa bouillabaisse qui se situait 3 quai de la Fraternité, aujourd'hui quai des Belges.

t'occuper d'Auteuil[1], nous sommes de « notables commerçantes » mon Missy !

Rien de nouveau, je viens de déjeuner toute seule et de vagabonder. Je te fais envoyer 2 alcarazas[2], mais je ne trouve pas ce que je veux. Et puis, je ne me fie guère à l'emballage. Nous verrons bien.

Au revoir, chérie. Plus que deux jours sans toi, plus que la journée de chemin de fer...

Je t'embrasse de tout mon cœur, je ne mange pas de coquillages, je bois de l'eau et du citron.

Ton enfant très sage

Colette

Garde ceci, que m'envoie ce matin Willy. J'ignore de qui est le petit fragment de lettre, mais je suppose que Meg serait bien contente, si elle savait que Willy m'envoie cela ! « La petite P. » c'est « la petite Panthère » et vous n'ignorez pas, mon Missy, que la Petite Panthère n'est autre que Colette !

1. Colette s'était lancée dans une opération immobilière liée à l'achat de terrains à Auteuil (voir lettre 18).

2. Vases de terre très poreuse, dans lesquels l'eau se rafraîchit vite.

18

25, rue Torricelli

[juin 1909]

Quel bonheur ma chérie de te savoir arrivée ! Il me semble que vous avez été bien vite ? Je souhaite que tu n'aies pas là-bas le même temps qu'ici, depuis midi c'est un déluge orageux et chaud qui ne cesse pas !

J'ai mon billet. Je viens d'Auteuil en taxi et j'ai bien fait d'y aller. Albert n'avait pas mis les papiers relatifs à la propriété normande à la poste, et je ne tenais pas à ce qu'il montre le plan et tout aux Blum [1] en mon absence ! Je les laisse ici dans le tiroir de mon petit bureau blanc. Et on s'en occupera vite. Albert dit qu'un cousin de Pochet a un terrain rue des Perchamps, c'est à voir également. Femme d'affaires, femme d'affaires ! Mon chéri, je suis tout seul. La Lucky en a d'ailleurs profité pour me « faire obéir » elle a exigé de passer le déjeuner assise sur la table, et de manger de la côtelette et des pommes de terre et du sucre. Je n'ai pas résisté. Tu comprends, Lucky est assez ta fille pour m'en imposer un peu tout de même. Et il fallait voir la figure décidée et autoritaire qu'elle me faisait. Elle savait parfaitement que tu étais partie, que tu n'apparaîtrais pas en disant « Lucky ! ». La rosse, elle me connaît, va.

1. De cette famille Blum, Colette écrit à Léon Hamel qu'il s'agit d'une « horde dévorante, assez intelligemment large en affaires pour souffler tout de suite une affaire à des concurrents goïms [*sic*] » (*Lettres de la Vagabonde*, *op. cit.*, p. 35).

Mon chéri, je suis tout seul. Je t'embrasse de tout mon cœur comme je t'aime. Dis des choses gentilles pour moi à Hamel et Paulhéon[1]...

Ta Colette

1. Jeu de mot transparent sur le nom de plume de Paul Barlet (Paul Héon).

19

[juillet 1909]

Ma Missy chérie, je viens de travailler pendant 4 h de suite sans me lever. J'ai fait deux articles, le premier est déjà arrivé sans doute, voici celui de *Mme et Mr* [1]. Dis à Paul qu'il le copie à la machine et me le renvoie, j'aurai le temps de le revoir s'il y a lieu, on attend la copie le 12. Je suis sage ? et dans celui-ci il y a toutes les chiennes. L'article, naturellement, devrait s'adresser à Lucky et non à Nell, et j'ai pensé ensuite qu'il valait mieux, pour varier un peu, s'adresser à Nell pour que ça fasse plus gai.

Je vais aller dîner. À bientôt chérie que j'aime.

Colette

1. Un journaliste avait demandé à Colette l'époque où elle aurait aimé vivre. Réponse dans *Madame et Monsieur* le 10 août 1909 : « Avant le déluge, dans les forêts fabuleuses. [...] En dehors de ce rêve inaccessible, je n'ai jamais souhaité revêtir une autre peau que la mienne et mon âme me suffit. »

20

Cosmopolitain-Hôtel
Aix-les-Bains

[fin août 1909[1]]

Ma chérie, oui j'ai perdu ta bague. Que faire ? je ne l'ai pas perdue, on me l'a volée dans ma loge des Eaux-Vives[2], *pendant le 4e acte*, car je l'ai eue en main après le 3e. C'est ma faute, hélas ! M'en veux-tu beaucoup ? je sais que non, mais je suis désolée. Et puis c'était mon fétiche. J'ai écrit une lettre au commissaire de police, mais... Pardonne-moi ; je retrouverai une opale, mais je suis si fâchée contre moi. Je suis si affolée et si bête quand tu n'es pas là !

Je rentre, il est 3 h. Une chaleur folle aujourd'hui. Énorme succès là-bas, on a fait le maximum. Je trouve ta chère lettre et la dépêche à quoi je ne comprends rien, je n'ai Dieu merci pas de lettre d'Ostende[3], mais il peut y en avoir une au théâtre, je le saurai un peu plus tard. Je ne bougerai pas avant d'avoir eu le courrier en question, mais je suis déjà inquiète.

Les gens de la pension Martin sont plus gentils et plus prévenants que des parents, pour 7 F 50 par jour ! Et quelle nourriture, mon Missy ! Tu l'apprécieras si nous passons un jour par Genève.

Rencontré S. Mais là-bas, il est plus ignoble que jamais.

1. Le 23 août 1909, *Claudine à Paris* est représentée au Cercle d'Aix-les-Bains.
2. Le parc des Eaux-Vives à Genève.
3. Où se trouve Willy.

Ce que tu dis de Paramé[1] est enivrant, – c'est trop beau. Et puis comment faire pour payer, ma chérie ? Et puis un *vieux* manoir... Ça coûte [*texte illisible*] et puis il faut des meubles, et puis, et puis... Est-ce qu'on ira le voir tous deux, mon chéri aimé ? Mon Dieu que je suis malheureuse sans vous ! Je vais envoyer un mot à Baret et me reposer un peu. Pauline est plus commode à présent, mais qu'elle a été insupportable, mon chéri. Avant-hier soir, avant le 2e acte, j'ai cru que j'aurais une apoplexie, je me suis mise soudain à avoir le cou gonflé, des bourdonnements et par-dessus mon maquillage la sueur s'est mise à couler, au-dessus de la bouche et sous les yeux, comme c'est drôle, hein ? Je t'embrasse de tout mon cœur, ma chérie, je suis une folle et une oie de te quitter.

Fais attention, je t'en prie, qu'il ne t'arrive pas une égratignure en mon absence ! Ne t'en va pas la nuit en auto ! et dis à André d'aller au pas ! Je t'embrasse, mon amour

Ta Colette

Ma chérie, je rentre vendredi ! Je viens de dire à la Villa des Fleurs qu'une nouvelle assez grave, dans mon courrier, m'obligeait à être à Paris un jour plus tôt. Lénéka m'a gentiment rendu ma liberté. Donc, je danse *demain soir* et s'il y a de la place dans le train, je pars à 5 h du matin, je suis à Paris à 2 h 1/2 et je pars pour le Crotoy le soir.

1. Missy s'était mise en quête d'un pied-à-terre en Bretagne, où le climat est plus doux qu'en baie de Somme.

21

Hôtel-Pension Victoria Hall
Genève

[fin août 1909]

Mon amour chéri, j'ai trouvé ta 2e lettre en rentrant du Gd Cercle[1]. Tout a bien marché (sauf Luce[2] !) et la salle était superbe. Public genre Nice, gourmé, qui a ri beaucoup pourtant, mais on n'applaudit pas. Les camarades me disent que j'ai dépassé la recette d'Huguenet, et le succès aussi (!), et qu'il aurait bien voulu recevoir à Nice l'accueil qu'on m'a fait. Tant mieux. Je dois dire, mon chéri, que j'ai joué dans une sorte d'ivresse, enragée de fatigue et de Pauline, congestionnée à en crever, à ce point que les oreilles me chantaient comme si j'allais avoir une attaque, et quelle migraine, Seigneur ! elle est solide et bon teint, je l'ai encore. Il a bien fallu partir tout de même ce matin ! Je voudrais bien me reposer un peu... je vais te dire n'importe quoi qui me viendra sous la plume, sans ordre... Reçu la visite de Durand juge de paix dans ma loge. Envie de pleurer après la pièce, parce que trop fatiguée, Pauline et toute seule sans Missy.

Petit Vermeil très gentil et attentionné, je lui vaudrai ça. Michel avec sa femme, laide, mais qui a de beaux cils. Saint-Mars[3] tombé sur mon dos tout à

1. Colette donnait au parc des Eaux-Vives une représentation de *Claudine*.

2. Personnage de *Claudine* qui était ici interprété par Mme Depallin.

3. Le jeune acteur, ancien élève de Paul Mounet, avait joué un

l'heure, invitation au thé ! tu penses... je suis rentrée ici, à ma pension Martin où on est si tranquille et bien nourri. Ma chérie, pourvu qu'il ne t'arrive rien en auto, Dieu que je m'assomme !

Pauvre Myrrha et pauvre Pouce ! Et celle-ci me fera encore la gueule en rentrant. Je voudrais bien y être, au moment où elle me fera la gueule...

Chérie, je t'aime. Je ne suis qu'une andouille, et un être odieux, mais je t'aime. Je suis très malheureux, et je ne veux plus m'en aller ! Pas le courage d'écrire Béluze (*villa Plaisance*) il sera temps en revenant, n'est-ce pas ? Si fatiguée. T'embrasse de tout mon cœur, mon amour, sois sage

Colette

Vermeil t'envoie ses affectueux hommages.

an plus tôt au même endroit aux côtés de Colette dans *Son premier voyage*, comédie de Xanrof et Guérin.

22

Grand Nouvel Hôtel
Lyon

[deuxième quinzaine d'octobre 1909 [1]]

Ma chérie, je t'écris en grande hâte, je me suis levée très tard à cause de Pauline et il y a matinée. Cette histoire de demi-lettre m'inquiète un peu. Tu me l'éclairciras demain matin, j'espère, je viens de t'envoyer une longue dépêche. Vite que je dise les choses intéressantes, dis-les à Paul.

Donc, reçu visite, dans ma loge, hier soir, de Carmona, un maquereau qui a travaillé avec et pour Willy, une crapule rasta qui vit de dames âgées, beau gars et costaud. *Je le crois envoyé par Willy.* Il a commencé par me dire que « Willy m'adorait ». Je suis entrée en fureur, et j'ai commencé à l'édifier sur mes sentiments. Il a dit que Willy était affolé par des ennuis très graves, surtout l'histoire du piano [2], il m'a demandé si on m'avait déjà parlé de cela. J'ai dit que le commissariat de police des Ternes m'avait convoquée, et que ne pouvant m'y rendre, j'avais fait partir

1. Du 19 au 25 octobre 1909, *La Chair* est donnée au Kursaal de Lyon.

2. Ce piano que Willy avait tenté de vendre à Colette était apparemment d'une provenance douteuse, comme elle l'explique à Paul Barlet le 21 octobre : « j'en ignorais la provenance et je trouvais que 500 F pour un bon Érard c'était donné ! Le hasard, providentiel, a voulu que l'entrée de mon tout petit rez-de-chaussée 44 rue de Villejust, fût trop étroit pour laisser entrer le piano, les porteurs l'ont rechargé immédiatement, et j'ai regretté le piano. Je l'ai moins regretté quand j'ai su d'où il venait » (cité par Alain Brunet, *Cahiers Colette*, n° 26, 2004, p. 68).

ma lettre d'ici. Carmona s'arrache les cheveux, crie qu'il ne fallait pas que je dise la vérité, etc. etc. Alors j'ai commencé, moi, à lui parler sérieusement et à lui demander s'il voulait, lui aussi, être pincé dans l'affaire du piano, ou une autre affaire. Il a jeté les hauts cris et a proféré des paroles sans suite et pourtant significatives, comme quoi il voulait seulement envoyer un mot à Willy pour que W. se tienne sur ses gardes. Je lui ai fait comprendre qu'il suffisait pour être embêté dans l'affaire, que Carmona envoie un mot concernant « le piano » et qu'ainsi Willy, manquant de victime, dirait certainement que Carmona est aussi dans l'affaire. Là-dessus Carmona a commencé à tourner de l'œil et à avouer qu'il voulait, lui, sauver Diard[1], *sur qui Willy veut rejeter toute l'affaire Pattard*[2] parce qu'il est sur un bateau au loin. Crois-tu !! Carmona, comme sentiments véritables a surtout une féroce haine contre Meg, qu'il appelle, chose curieuse, le porte-malheur de Willy. Il la dit capable de *tout*, et il a dit : « Écoutez, Madame, donnez-moi grand comme l'ongle de preuves contre elle et je la fais emballer ! »

Il a dit encore que Willy avait emprunté de l'argent récemment à son frère pour désintéresser Mme Pattard, Albert a donné 1 000 ou 2 000 F, et *Willy les a dépensés à autre chose*. Willy a dit que pour l'affaire Mildé, c'est une femme, « une dame » habitant le

1. Alfred Diard, collaborateur et secrétaire de Willy de 1903 à 1909.

2. Mme de Serres, que Colette appelle Mme Pattard, la femme du compositeur Louis de Serres, avait été la maîtresse de Willy, qui lui a escroqué une forte somme d'argent (voir la Préface, p. 24-25).

Raincy qui lui avait prêté la somme. J'ai causé jusqu'à 1 h du matin avec Carmona sur le trottoir, et je lui ai fait saisir que la meilleure chose à faire pour lui c'est de se tirer des pieds[1]. Je crois aussi que Willy lui a dit que c'était une dame Dumesnil !!!! qui lui avait prêté de l'argent, une dame qui habite 9 rue Rosa Bonheur. Carmona comprend que Willy est en train de se f... de lui, je le revois à 7 heures, je vais voir ce qu'on peut tirer de ce louche émissaire, que j'ai en exécration, d'ailleurs. Mais il n'est pas content parce que W. s'est f... de lui. J'écris si vite que je ne sais plus ce que j'écris ! Je tâcherai de t'écrire après la matinée tout de même. Je tâcherai aussi de trouver *Paris-Théâtre*, mais j'en doute. Nous partons mardi matin. Je t'enverrai l'adresse de l'hôtel de St Étienne pour que tu m'y envoies au moins une dépêche. Ne crains rien pour moi de Carmona, ce n'est pas un type à « faire des coups » et d'ailleurs je me fais accompagner pour rentrer le soir.

Je t'embrasse vite, vite, mon amour. Fais bien attention à ces transpirations des bains, c'est dangereux et je ne suis pas contente de te voir faire cela. Quand il fera froid, tu les cesseras certainement.

Ta Colette

1. En argot, s'en aller, s'enfuir.

23

Grand Nouvel Hôtel
Lyon

[deuxième quinzaine d'octobre 1909]

Lundi 5 h

Ma Missy chérie, Paul me télégraphie que j'ai été complètement roulée hier, je veux bien, mais en quoi ? Je n'ai pas à annoncer des intentions pacifiques, puisque les hostilités sont engagées ! J'ai dit à Carmona, avec preuves parlées, que je connaissais Willy à présent, avais-je des raisons de dire le contraire ? Si c'est pour me démoraliser qu'il me télégraphie des choses comme ça, ce n'est pas la peine, je n'ai pas besoin de lui pour l'être. Si vous me croyez, l'un et l'autre, en danger quelconque, eh bien viens me chercher. Mais surtout que ce ne soit pas Paul qui vienne ! *Je ne lui pardonnerais pas de t'avoir laissée seule à Paris.* Toute cette histoire, et la solitude où je suis, finissent par me coller une angoisse nerveuse, qui n'a rien de bon, je t'assure ! Ce n'était pas le moment de me laisser seule. Je sais bien que rien n'est de ta faute, ma chérie aimée, mais je n'en ai pas moins la tête et les nerfs dans un piètre état. Ne me gronde pas, surtout, mais réconforte-moi !

Je n'ai rien reçu de toi aujourd'hui, je suis triste. Et la coupure du *Paris Théâtre*[1] n'est pas arrivée,

1. En ce mois d'octobre 1909, les démêlés du couple Gauthier-Villars alimentent plus que jamais la chronique parisienne. *Paris-Théâtre* devient presque leur champ de bataille réservé. Le 23 octobre,

impossible de la trouver en ville. Rien de nouveau. Ma lettre pour Paul contenant les lettres pour *Paris-Théâtre* est partie.

Je t'aime de tout mon cœur et je t'embrasse, je suis malheureuse et inquiète de tout. Je pars demain matin à 9 h pour St Étienne, j'y serai vers midi 1/2, je t'enverrai une dépêche. Télégraphie-moi à l'Éden Théâtre. Mon Missy chéri, qu'il ne t'arrive rien, surtout ! j'en mourrais.

Colette

c'est Willy qui proteste, le 6 novembre, Colette reprend la main, puis Willy réplique encore le 13 novembre... Motif de la discorde : la revendication par chacun du statut d'auteur des *Claudine*.

24

[deuxième quinzaine d'octobre 1909]

Un petit mot, ma chérie, en revenant de la matinée, tu penses bien. Aujourd'hui, qui est venu me demander au théâtre ? Saint-Mars, qui vient de commencer ici son service militaire. Je ne l'ai pas reçu, sous prétexte que j'étais à poil, il est resté dans la loge à côté chez Wague, qui après son départ est venu nous raconter que le malheureux St Mars est mourant et qu'on va le réformer, il se meurt de la syphilis, naturellement, il en a pour un mois, il a des gommes dans le cerveau ! L'autre jour il est tombé par terre sans savoir pourquoi, et n'a pas pu se relever seul. C'est affreux. Je lui souhaite de mourir sans trop souffrir.

Au revoir, ma chérie bien aimée ! Ne te rends pas malade avec tes bains, ne joue plus avec ta santé comme tu l'as fait toute ta vie, je t'en supplie ! Tu as une trop mauvaise circulation pour te permettre, en ce moment, des traitements de fantaisie. *C'est très sérieux*, et tu me donnes un très mauvais exemple, mon amour. Je t'embrasse et t'embrasse.

Ta Colette

25

[*Lettre incomplète*]

[deuxième quinzaine d'octobre 1909]

C'est réellement très bien. Tu ne veux pas venir voir ? J'ai dormi jusqu'à midi moins le quart et me suis réveillée navrée d'être là, d'être toute seule, d'être sans toi – et ça plane sur toute ma journée – Il a fait cet après-midi une dangereuse chaleur de juillet, ça ne peut pas durer. Rien d'autre à te dire mon chéri aimé. Je suis malheureux... Sois bien sage, méfie-toi de tout ! Je t'aime de tout mon cœur et je t'embrasse,

Ton enfant

Colette

26

Grand Nouvel Hôtel
Lyon

[deuxième quinzaine d'octobre 1909]

Vendredi

Ma Missy chérie, je supporte bien mal la solitude dans l'état d'esprit nerveux et inquiet où je suis ! Une âme en peine dans un corps malheureux. J'ai promené ma fatigante petite angoisse au Parc, aujourd'hui, et j'ai bien fait. Outre que le Parc est joli, il y a l'enclos des daims, où vivent heureux une centaine de petits daims et biches délicieux, familiers qui mendient si gentiment. Il y a aussi de charmants makis et des ouistitis pareils à des oiseaux. J'ai usé le temps jusqu'au coucher du soleil, presque, et je rentre. Après le déjeuner, Piéry m'a menée chez une petite blanchisseuse qui a ramené du Tonkin un couple de chats-tigres, pas du tout comme celui de la Rieuse, des chats petits, à poils ras, tachetés de roux, rayés de brun, singuliers, avec des yeux admirables. La famille a été allaitée par une chatte de Siam qui est morte il y a quinze jours, et malgré la présence de son mâle, la chatte-tigresse ne veut pas se consoler, elle mange à peine et passe les jours à regarder la porte par où entrait d'habitude sa nourrice et son amie. Quand la siamoise était vivante, la chatte sauvage ne mangeait pas avant que la siamoise eût mangé. Ces tendresses et ces douleurs de bêtes sont si touchantes et si navrantes, et me dégoûtent encore plus de l'humanité. La petite blanchisseuse qui va claquer, elle aussi, d'anémie et de maladie de foie, croit que la chatte sauvage est enceinte, et elle fera nourrir les petits par une chatte d'ici, pour qu'ils ne soient plus du tout sauvages.

J'ai essayé de parler « chat » au mâle, et j'ai dû prononcer une parole bien imprudente, car il m'a répondu quelque chose d'abominable, une sorte de crachement crié je ne savais plus du tout ce qu'il fallait lui dire. Voilà tout, ma chérie. Je viens de recevoir ta petite dépêche, qui me fera tenir sage jusqu'à demain matin. Demain c'est le 5e jour, je me le répète avec stupéfaction, il me semble que depuis un mois je n'ai pas vu ta chère figure ! Je t'embrasse, mon trésor.

Colette

27

[*Au verso d'un demi-feuillet à en-tête du Grand Nouvel Hôtel de Lyon*]

[deuxième quinzaine d'octobre 1909]

Ma chérie, voici la dépêche de Louise. Merlou c'est sûrement le fils. Et ce doit être un ambassadeur menaçant ou non, de Willy. Au besoin Paul pourrait aller 24 h. à Paris s'informer à l'*Excelsior* et le voir ? pendant ce temps fais-toi bien garder par Jules et André. J'ai télégraphié à Louise qu'elle dise que j'étais en tournée et qu'on envoie Merlou à Millevoye ??

28

Grand Nouvel Hôtel
Lyon

[deuxième quinzaine d'octobre 1909]

Ma chérie, la lettre est arrivée tout de même à l'heure habituelle, Dieu merci. Tu vois, tu t'es enrhumée à ces sacrés bains, et tu as bien tort de les reprendre avant d'être guérie ! Les bains de transpiration, pour les gens aussi peu habitués que toi à transpirer, demandent à être pris avec beaucoup de précautions. Tu n'as pas besoin de rire, c'est la vérité !

Ainsi Willy s'apprête à user de son « droit de réponse » ? Ou il perd la tête, ou il est décidé à tout. Cela me rend très nerveuse, mon chéri, de n'être pas auprès de toi en ce moment, fais grande attention, je t'en prie, à cet individu capable de tout !

J'enrage de ne pas être sur place ! Que Paul me fasse parvenir immédiatement la réponse de Willy dans *Paris-Théâtre*, découpée, dans une lettre ! Je suis triste et nerveuse, j'ai peur pour toi. Je n'ai pas Pauline. Encore six jours après celui-ci, Seigneur ! Je ne suis pas encore à la moitié de ma peine, c'est terrible ! Hier soir à 6 h 1/2, pluie battante qui a duré jusqu'à minuit, c'était inévitable. Salle superbe et pleine. Pas vu Bady, je suis rentrée directement. Ça m'ennuie que le bureau soit trop grand, est-il si grand que cela ?

Je vais acheter un parapluie.

Piéry m'a chargée pour toi d'affectueux hommages, naturellement. Il est gentil, mais... la jolie barbe !

Je t'embrasse comme je t'aime, ma Missy chérie, et je suis bien agacée et nerveuse. Ne me gronde pas ! Écris-moi, mon si gentil. Je t'embrasse

Ta Colette

29

Grand Nouvel Hôtel
Lyon

[deuxième quinzaine d'octobre 1909]

Ma chérie, ma petite Missy je viens de recevoir ton télégramme. Mais je ne suis pas dans mon assiette au point de vue nerf sans doute, je me suis mise à pleurer comme une imbécile parce que je suis toute seule et pour si longtemps encore. Mon Dieu que je suis bête. Je m'en vais aller dîner. Il y a un brouillard aussi lourd qu'une étoffe et je ne peux rien faire de mes cheveux à cause de lui. Lyon me dégoûte que serait-ce s'il pleuvait !

En dehors de toi tout est affreux. Je t'embrasse, ma chérie.

Colette

30

Grand Nouvel Hôtel
Lyon

[deuxième quinzaine d'octobre 1909]

Ma chérie, voici ce que je reçois de Mme de Bouillanne, je n'aime pas garder des sommes sur moi et d'ailleurs c'est de l'argent à toi, je te l'envoie en hâte avant le déjeuner, je t'écrirai ensuite. La lettre au commissaire[1] part en même temps que celle-ci. Je suis si contente d'avoir tes lettres ! Pauline vient d'arriver, la rosse. C'est gai pour matinée et soirée demain.

Toutes mes tendresses.

Colette

1. Le commissaire Berthelot. Colette s'était placée sous sa protection à la suite des menaces proférées par Willy lors de l'affaire de Serres.

31

Hôtel Moderne
Grenoble

[27 octobre 1909]

Ma chérie, j'arrive, j'ai déjeuné vivement, je mourais de faim. J'ai trouvé ta dépêche, je suis un peu rassérénée pour la journée. Ô ma chérie, que tu me manques ! Comment suis-je assez folle... Mais aussi je croyais bien que tu viendrais un peu à Lyon, et ça m'a fait enfler le cœur de voir que décidément tu ne venais pas... Oui j'ai reçu la lettre double, commencée par Paul et finie par toi, ou le contraire, je ne sais plus.

Couchée à 1 h, c'était dur de se lever à 6 h, d'autant plus qu'avec ces sales hôtels en papier les cloisons ne comptent pas, et il y avait à ma gauche un couple... je ne te dis que ça ! Ils ont fini de s'ébattre à 2 h, et je distinguais tout comme s'ils avaient été dans ma chambre. L'homme *absolument silencieux*, je n'entendais que la femme qui gémissait, ma foi, avec une sincérité touchante et sans grossièreté... Ce devait être un couple clandestin, j'ai entendu, à 2 heures, l'homme mettre ses vêtements, prendre sa montre, et sa monnaie, et ses clefs et s'en aller très discrètement. Mais j'aurais préféré dormir [1].

Enfin, c'est l'avant dernier jour... Demain, je dirai : « C'est demain ! » J'envoie une dépêche à Piéry pour

1. On trouve un écho de cette scène dans *L'Entrave* (1913), *Œuvres*, t. II, p. 348.

qu'il retienne ma place dans l'express à Lyon, c'est un train toujours bondé, il n'y a que des 1ères.

L'hôtel ici épatant. Je trouve dans le patron un ami de mes cousins de Bruxelles[1], il nous colle des chambres *princières* pour 4 F et 6 F. C'est gentil, je le recommanderai.

Hier à St Étienne, énorme succès, on avait loué dans la journée fauteuils et loges ce qui n'était jamais arrivé !! Les rues de St Étienne, à 11 h du soir... j'aime mieux que tu ne voies pas ça, tu sais ! Ce désert noir... comment peut-on vivre là ?

Ce pays-ci est très beau, et l'automne l'embellit encore. Au-dessus de Grenoble, les montagnes sont déjà couvertes de neige.

Ma chérie, je vais m'étendre un peu. Nous répétons à 4 h. Oui, je pense à *Paris-Théâtre*, je lui ferai quelque chose sur les gens du music-hall, ou sur un noël de mon enfance[2]. Mais quand je serai revenue ! je ne suis bonne à rien sans toi.

Ma chérie chérie, je t'embrasse de tout mon cœur et je n'aime que vous.

Colette

1. Les enfants d'Eugène Landoy, le frère aîné de Sido.

2. Colette retiendra finalement le thème de Noël pour cet article qui paraîtra dans l'édition spéciale de Noël et du jour de l'an de *Paris-Théâtre*, le 20 décembre 1909, sous le titre « Les sabots ».

32

Hôtel Métropole Bruxelles[1]

[3 février 1910]

Ma chérie, je rentre de la répétition. Je ne suis qu'une oie, qu'une imbécile et qu'une folle, de vous avoir quittée. Je me demande par quelle aberration, moi qui ne peux pas vivre sans vous, je m'entête à vous quitter plus de trois jours ? Trois jours, ça va encore, ça peut se supporter, mais quinze ? Je me demande si je ne suis pas complètement infirme par certains coins de cerveau ? Vous verrez si on m'y repince ! (« Colette tu dis toujours ça, et, chaque fois, tu recommences ! – Oui, Missy mais... Mais cette fois je crois bien que c'est sérieux »).

J'ai très mal à la tête. Nous n'avons pas pu répéter parce que pas d'orchestre. Ce soir répétition à 10 h 1/2 pour onze heures. Mistinguett est au Métropole aussi, mais avec Jean Dax, elle « est avec » lui. Les Folies Bergères[2] seront sûrement un bel établissement, – quand la construction sera finie. On joue demain quand même, mais dans les plâtres, la salle est finie,

1. Colette joue *La Chair* aux Folies-Bergère de Bruxelles du 4 au 17 février 1910.

2. Les Folies-Bergère, 24 rue des Croisades à Bruxelles, à deux pas de la place de Brouckère. Colette et ses partenaires vont inaugurer dès le lendemain, 4 février, cette toute nouvelle salle de spectacle dont les travaux ne sont pas encore achevés. Dans son édition du 6 février, le journal *Le Soir* relate cet événement en marquant un grand enthousiasme pour les comédiens : « La pantomime *La Chair* qui a eu un gros succès à Paris et sur laquelle M. Chantrier a écrit une musique charmante, a été interprétée avec conviction par Colette Willy, Christine Kerf et Georges Wague ».

l'entrée extérieure le sera un jour. Je ne pouvais pas croire, tout à l'heure, que nous débuterions demain !

Ma chérie amour, je n'ai plus rien de gai à vous dire. Je vous embrasse de tout mon cœur de serine. Embrassez pour moi les chiennes (petit Nell, petit Nell ! cri hui hui !) et dites à Paul, avec toutes les marques extérieures de respect qu'il exige, que je n'oublie pas de remercier Desgranges[1].

Votre stupide enfant

Colette

1. Henri Desgranges, fondateur en 1907 de *Comœdia*, le grand quotidien des arts du spectacle auquel Colette apportera de nombreuses contributions.

33

[*Lettre incomplète*]

[4 février 1910]

Je t'écris entre deux répétitions, je repars tout à l'heure pour les Folies, où tout le monde est affolé. Si tu voyais dans quel état !... Et on débute ce soir. D'ailleurs, on peut se rendre compte que, ce soir, tout sera superficiellement prêt, en réalité, il faudrait une bonne semaine de plus, au moins. L'orchestre est mauvais, et tu te feras une idée de ce que l'endroit peut offrir de pittoresque, quand je t'aurai dit que tout à l'heure pendant que nous répétions, une équipe d'hommes savonnait la scène à grande eau ! D'ailleurs, en ce qui nous concerne, tout ira, je crois, très bien. L'orchestre commence à se décarcasser ; hier soir à minuit (nous étions encore là-bas) notre décor n'était pas commencé, et il est entièrement fini maintenant. C'est pas mal pour Bruxelles, hein ?

Figure-toi que j'occupe la même chambre que l'autre année [1] ! Pas de salle de bain. Les salles de bain particulières accompagnent les chambres sur la cour, qui sont mortellement tristes, j'y aurais péri de désespoir ! Alors j'ai mon ancienne chambre, et quand tu viendras (si tu viens) tu auras, je l'espère, la même chambre à côté.

1. Colette avait déjà séjourné au Métropole de Bruxelles à l'occasion des représentations de *Claudine à l'école* données à l'Alcazar du 18 au 29 novembre 1908.

J'espère bien commencer à travailler demain. Le plus terrible dans les loges d'artistes, c'est cette chaleur de plâtre encore mouillée qu'on surchauffe c'est irrespirable !

34

Hôtel Métropole
Bruxelles

[début février 1910]

Ma chérie, vite un mot avant de partir pour la matinée, – car nous avons matinée, par cette délicieuse pluie glaciale ! La chaleur mouillée du plâtre, là-bas, m'a collé un bon mal de gorge cette nuit, à Kerf aussi d'ailleurs. Mais n'aie pas peur, en me réveillant j'ai demandé un citron, et j'en use à chaque instant, et il y a déjà une telle amélioration ! Ce soir ou demain, je n'aurai plus mal. Ma chérie, si tu viens vendredi, tu vas avoir l'ennui du dimanche bruxellois, et avec la matinée ce ne sera pas bien joyeux pour toi, ni pour moi... Peut-être serait-ce mieux que tu viennes, par exemple, mercredi pour repartir samedi ? Si tu ne peux pas, fais comme tu voudras, mon amour, j'aurai une si grande joie de te voir ! Je suis sage, je ne geins pas...

Hier j'ai fait un petit début de chronique pour *Paris-Journal*[1], mais demain je vais me remettre au roman[2].

Hier soir presque toute la *rampe* a manqué pour *Ma Gosse*[3]. Je ne vois Mistinguett qu'au théâtre, elle

1. Ce début de chronique aura pour titre « Jour gras à Bruxelles » et paraîtra le 11 février 1910 dans les colonnes de *Paris-Journal* où Colette vient d'être engagée.

2. *La Vagabonde*, dont la publication débutera dans *La Vie parisienne* le 21 mai et se terminera le 1er octobre.

3. Ce numéro, composé par Henri Caen et Yves Mirande, mettait en vedette Mistinguett et Jean Dax.

est dans les grandes tendresses avec un gigolo Dax, ils se sont soûlés vendredi après minuit au Savoy[1], tous deux et ils chaloupaient (encore !) en sortant à 4 heures du matin. Mistinguett à la ville est effrayante, c'est une *vieille dame* ! Le corps est très jeune d'aspect, harmonieux et souple. Mais cette distance du nez à la bouche, de près, est effroyable. Elle est braque, intelligente, mal embouchée, pas gaie, et plus indépendante qu'une chèvre. Elle plaque ses amants dans les cinq minutes, quand ils ont cessé de plaire, et si j'en juge par la figure, au matin, de Jean Dax, les nuits doivent être laborieuses[2].

Contente de la lettre Labruyère. Je le verrai à Nice, tu penses[3] !

J'écrirai aux Sacha[4]. Honte sur Minotre-notre-notre ! Chérie, voudrais-tu m'apporter une blouse ? On se salit terriblement ici. Ne sois pas souffrante. Que dit l'urticaire ? Hier soir ça a très bien marché pour nous. Meg Villars est engagée aux Variétés de Bruxelles, un music-hall qu'on construit ici tout près.

1. Le restaurant The Savoy, 37-39 rue de l'Écuyer, était le point de rencontre de tous les artistes.

2. Ce portrait sans complaisance est à comparer avec les textes que Colette consacrera à la Miss dans ses critiques théâtrales des années trente. Délaissant alors son flacon de vitriol, Colette s'enflammera littéralement : « Paris ne souhaite qu'une chose : l'éternité de Mistinguett » proclamera-t-elle, avant de l'élever au rang de « propriété nationale » (*Le Journal*, 10 décembre 1933 ; repris dans *La Jumelle noire. Une année de critique dramatique*).

3. Où elle se rendra du 4 au 7 mars pour représenter *La Chair*.

4. Sacha Guitry et sa première femme, la comédienne Charlotte Lysès, qu'il épouse en 1907. Après leur divorce en 1918, l'un et l'autre resteront des intimes de Colette. Tout comme Auguste Hériot, Sacha Guitry donne du « ma mère » à Missy.

Wague l'a rencontrée dernièrement avec un homme jeune qui avait l'air bien (« pas un artiste » dit Wague) et Meg a été très visiblement embêtée d'être rencontrée.

Au revoir, amour. Je t'aime tant. Je file vite, mais pas à pied, à cause de ma gorge. Et j'embrasse aussi toute la famille chiens. Quant à Paul, depuis qu'il parle anglais...

Que si, néanmoins, il omettait de m'écrire et de me donner, quotidiennement, des détails sur tout, je *verrai voir.*

Je te rembrasse, ma chérie aimée.

Ta Colette

Reçu un mot très gentil de Desgranges. C'est la passion.

35

[Bruxelles, février 1910]

Ma chérie, c'est demain ? J'ai pu avoir, au dernier moment, la chambre qui communique avec la mienne, il s'en est fallu de peu que je ne l'aie pas, les gens qui l'occupent ne voulaient pas décamper ! Il n'a pas plu aujourd'hui ! C'est sans doute parce que tu vas venir, Mon chéri !

Un peu travaillé hier au roman, assez péniblement. Il faut le temps de s'y remettre...

Aujourd'hui je déjeunais toute seule au Savoy, quand Mistinguett arrive, seule, en coup de vent, et s'assied à ma table, et me raconte avec volubilité qu'elle est fâchée terriblement avec Jean Dax et qu'elle le plaque ! Peut-être seront-ils racollés ce soir, – peut-être que non, c'est une bonne femme si braque ! Elle avait besoin de se dépenser et a appelé le patron du Savoy pour lui raconter sa brouille. Elle a aussi appelé le chasseur, et j'ai pensé que c'était aussi pour lui raconter l'incident, mais c'était seulement pour porter un mot pressé...

Et puis, comme le temps me durait depuis que vous ne m'avez pas grondée – je suis allée me faire laver la tête.

Vu André Meer ce matin. Il demande à me parler « sérieusement » avant mon retour, pour ma petite pièce[1], en vue de la saison prochaine, c'est-à-dire

1. *En camarades*, une comédie en deux actes créée le 22 janvier 1909 au théâtre des Arts. La pièce est ensuite reprise du 5 février au

l'hiver prochain. Cela, vous ne me le déconseillez pas, n'est ce pas ?

À demain, mon chéri chéri, j'irai à la gare te chercher. J'ai déjà dit au patron du Savoy qu'il nous garde un petit coin tous les jours. C'est un renard malin et très bien élevé, cet homme. Il a une propriété à Roquebrune, et va y faire construire une villa, pour louer.

Je t'embrasse, t'embrasse, t'embrasse.

Ta Colette

1er mars à la Comédie-Royale, puis en 1912, du 15 au 28 février au théâtre Michel.

36

Hôtel Métropole
Bruxelles

[Février 1910]

Ma chère chérie, je viens de toucher quinze cents francs. Il me reste encore mille francs à toucher, pour le reste de mon engagement, mais le caissier de la S[té] Industrielle qui me paie mes chèques m'a dit qu'il y avait assez d'argent en dépôt pour que nous n'ayons pas d'inquiétude. J'ai donc déjà touché en tout 1 800 F.

Rien de nouveau que la lettre de Paul ce matin. Ma chérie aimée, tu seras bien gentille de garder un peu Poucette en haut et de l'emmener si tu sors, je ne veux pas du tout de cet accaparement systématique de Francine ! Il fait le même temps délicieux et froid. Ce qu'a été cette nuit... j'aime mieux ne pas l'évoquer ! Il était *cinq heures*, ma chérie, que la place de Brouckère grouillait de peuple, des fanfares ont défilé à *quatre* heures, et j'entends des fanfares organisées, des sociétés musicales qui jouent bien, – il ne s'agit pas de bandes qui jouent du mirliton ! À trois heures arrivent dans *ta* chambre un monsieur et une dame, si j'ose dire, qui commencent à s'engueuler comme dans un désert, elle réclamant l'argent de sa nuit et menaçant de réveiller tout l'hôtel, lui promettant une tripotée soignée. Ça a duré 1/2 d'heure, et j'allais sonner pour me plaindre, quand on est venu frapper à leur porte, et parler à voix basse, et puis ils sont descendus et… plus rien. On les a peut-être mis à la porte ?

Heureusement qu'on m'avait gardé un petit coin au Savoy, hier soir ! Nulle part dans la ville je n'aurais trouvé de quoi dîner.

Au revoir, ma chérie. C'est long… Donnez un coup d'œil sur la bull de Buer si vous en avez l'occasion. Et aimez-moi un petit peu, – si vous en avez l'occasion. Je vous embrasse de tout mon cœur et je suis sage.

Ta Colette

Amitiés à Paul, le Lamentateur. (Quel beau nom d'apôtre !) et à toutes les belles petites chiennes - chiennes - chiennes.

37

Hôtel Métropole
Bruxelles

[février 1910]

Vite un mot, ma chérie aimée, avant que je parte pour ma matinée. Tu es si gentille d'être venue, et je t'en suis si reconnaissante... Quand je me vois vieillir, je me dis quelquefois que tu n'aimes ni les choses ni les êtres laids... Je m'en vais. Je t'embrasse de tout mon cœur. Il fait très beau et les rues sont pleines de salopiauds costumés [1].

Ta Colette

Amitiés à Paul et à tous les petits tyrans à quatre pattes.

1. Colette évoquera cette scène dans « Carnaval brabançon », *La Vie parisienne*, 26 février 1910.

38

[*Lettre incomplète*]
Hôtel Métropole
Bruxelles

[février 1910 [1]]

Buysens [2] et moi, à table, nous avons parlé de Willy et de Meg. À Ostende, la comédie de la misère était si épatante que Buysens a failli « offrir » un prêt de 50 louis à Willy !

D'après lui, Meg va quitter Willy, et l'aurait même déjà presque quitté actuellement, il la dit partie pour l'Angleterre ou sur le point de partir. Qu'y a-t-il de vrai ? Buysens considère la rupture comme certaine ??? mais il n'en connaît pas les motifs, il dit que Meg en a assez.

1. Colette joue *La Chair* aux Folies-Bergère de Bruxelles du 4 au 17 février 1910.
2. Agent de théâtre.

39

Hôtel Métropole
Bruxelles

[février 1910]

Chérie aimée, je ne monterai pas à cheval, soyez tranquille ! J'ai bien assez à faire sans cela. *Madame et Monsieur* demande un article sur le Printemps (la saison, pas le magasin) pour le numéro de Pâques, on me donnera 3 louis, alors je ne peux pas refuser, le journal est toujours très aimable pour moi. Le numéro de Pâques devant être illustré somptueusement, il faut que je fasse l'article tout de suite, et puis la chronique sur Bruxelles pour *Paris-Journal*, qu'est-ce que tu veux, le roman attendra un peu, ce n'est pas de ma faute. Hier cette matinée et soirée, par le temps affreux, et la foule et tous, m'avaient fatiguée, mais je me colle neuf heures de sommeil qui pouvaient compter ! Ma gorge va beaucoup mieux, je la citronne encore.

Déjeuné toute seule au Savoy, où l'on mange divinement, et quelles viandes grillées ! Un patron charmant et adroit, qui fait 20 % de réduction sur les additions, ça fait cent sous au lieu de 6 francs. Je fais des économies le soir avec Wague à la brasserie. Et puis au moins tu es sûre que je mange sagement de la belle viande rose, ah ! Dis à Paul que j'attends le livre pour Solvay[1]. Vécrignier est un cochon. Pitit Nell, Pitit Nell ! Je suis si contente, quand je

1. Lucien Solvay (1851-1950), homme de lettres et critique belge haï de Willy qui lui dédie des lignes cruelles dans l'édition originale

m'éveille, de trouver la petite enveloppe sous la porte !

Buysens n'a pas dit que Willy quittait Meg, mais bien que Meg voulait quitter Willy. Ceci serait peut-être plus vrai [1] ? Les Variétés de Bruxelles, où elle est engagée pour Mars, c'est un café-concert où on boira, pas chic par conséquent.

Dans le nôtre, c'est l'incohérence et surtout l'incompétence qui règnent ! Les plombs sautent, on oublie (*sic*) de mentionner Mistinguett et nous sur tout un tirage de programmes etc. etc.

Enchantée que l'affaire reprenne avec Marin, pour l'avenue de Suffren ! je ne lâcherai pas le morceau.

On m'écrit ici que je suis « la seule tragédienne sincère de ce temps ! » La toute tragique, bon ! Ma chère je vais t'y vous voir bientôt ? je suis toute agitée de penser que je vais vous voir. Je vous aime de tout mon cœur et je suis sage et je vous embrasse mon velours chéri.

Colette

de *Minne* : « Solvey, dit Pipi-le-Vipère, bookmaker belge... » Le livre dont Colette attend l'envoi est précisément *L'Ingénue libertine*, refonte de *Minne* et des *Égarements de Minne*, où Colette a gommé toute allusion injurieuse à l'égard de Solvay.

1. L'heure n'est pas encore à la rupture puisque Willy et Meg se marieront le 15 juin 1911, soit exactement un an après le divorce de Colette et de Willy.

40

Hôtel Métropole
Bruxelles

[février 1910]

Ma chérie, j'arrive de ma matinée, et je me dépêche de causer avec toi un peu, je n'ai guère de temps avant dîner, (j'ai une bonne heure tout de même). Je suis ahurie de mon succès ! Avant-hier, hier soir et en matinée aujourd'hui *pas un strapontin* de libre, et hier soir succès fou et fleurs sur la scène ! Le gros Théo, l'associé de Paulet, est enivré, il parle d'écrire à Baret pour pouvoir me garder un mois ! Il n'y a pas de danger ! D'abord ce serait une grosse faute d'abuser de *Claudine*, ensuite je ne veux pas. Je lui ai dit que je promettais de revenir avec une autre pièce. D'ailleurs il n'est pas possible que les salles se maintiennent au même niveau que tous ces soirs-ci, il n'y aurait pas assez de monde à Bruxelles. Je suis tout de même contente de cela, ma chérie. Je suis contente aussi d'avoir ta lettre. Comme notre fille a fait pipi ! c'est un essai de chienne, tu sais. Je ne crois pas qu'elle recommence. Qu'a donc la Lucky ? Mal aux yeux ? est[-*ce*] vrai que ma chère « noire » est triste ? Et qu'est-ce que c'est que cette affaire de cigares ? Si Hamel vient me voir ce sera un chic type !

L'engagement Duplessy s'il n'est pas dans ton chiffonnier comme je le croyais, est peut-être dans le bureau de ma chambre, ou dans la table à écrire du travailloir. Mais je croyais bien qu'il était dans le chiffonnier neuf, c'est *l'unique* papier que j'y avais mis ! Une feuille double de papier pelure qui fait du bruit.

À demain une autre lettre ma chérie. Plus que sept jours à tirer. Je suis sage. Il a plu toute la journée, j'ai dû prendre le fiacre pour aller à la Royale où j'ai vu, à deux tables de la mienne Bertol-Graivil (l'amant de la femme de Saglio).

Ma chérie, je t'embrasse de tout mon cœur. Que dis-tu de Leoncavallo [1] ? tu ne confonds pas avec un autre compositeur italien ? que vas-tu faire ?

Je t'embrasse de toute ma tendresse, ma chère Missy. Sois bien portante, et aime un peu ta

Colette

Y a-t-il beaucoup de coupures de journaux ? as-tu lu celle de Serge Basset dans le *Figaro* ? on peut dire qu'il est gentil !

1. Ruggero Leoncavallo (1857-1919), compositeur italien célèbre pour son opéra *I Pagliacci* (*Paillasse*, 1892).

41

Hôtel Métropole
Bruxelles

[Février 1910]

Ma chérie, rien de toi aujourd'hui. Peut-être aurai-je un mot ce soir ? Paul me dit que c'est ton dentiste qui en est cause, alors je ne m'inquiète pas.

Rien de bien nouveau. Après deux heures de soleil ce matin, il repleut à verse. Pour ce que demande Baret, j'ai vu Meer, qui ne peut pas donner sa salle, pour aucune tournée. Tu as vu, chérie, que nous partons le 5 au lieu du 14[1] ? Nous n'aurons pas beaucoup de temps à flâner à Roquebrune, mais on peut toujours compter sur une douzaine de jours là-bas, pendant lesquels je travaillerai comme un amour !

Comme mon roman ne sera pas prêt aussi tôt qu'il l'aurait dû, j'ai envie d'envoyer tout de même à la *Vie*, ce pauvre Saglio[2] n'a rien eu depuis si longtemps. Et ce petit article n'a rien de si épatant qu'il faille l'insérer dans le roman, après tout (Ceci pour Paul - l'Autocrate.)

Ma chérie, je file aux Folies. J'ai laissé, (je crois !) ma ceinture là-bas avec la jolie boucle que tu m'as donnée, et je ne serai pas tranquille avant de l'avoir reprise, – si elle y est. (« Dieu quel être insupportable que cette Colette !... »)

1. Pour donner *La Chair* à Nice.

2. Charles Saglio (1873-1950), le directeur littéraire de *La Vie parisienne*. Colette lui adressera l'article qu'elle vient d'achever, « Carnaval brabançon ».

Je viens d'écrire une lettre au petit Clarisse... qui ne s'en vantera pas. Meer m'a dit que Willy fait tout ce qu'il peut pour faire engager Meg à l'Alcazar. Je lui en ai raconté de toutes les couleurs, il peut aller leur redire, à Willy et à Meg, ce que je pense d'eux.

Meer viendra mardi à Paris, pour causer « sérieusement » pour la saison prochaine (octobre). Il a fait énormément d'argent cette saison à Bruxelles, tout le monde le dit.

Ma chère amour, je t'embrasse de tout mon cœur, je prendrai le train de midi comme tu me l'as conseillé et j'irai changer mon argent le matin. Je t'aime.

Les camarades t'envoient leurs amitiés. Wague a parlé de toi, l'autre jour, de manière à se concilier mes bonnes grâces le reste de sa vie !

Colette

42

Hôtel Métropole
Bruxelles

[février 1910]

Mardi

Ma chérie, ça ne pouvait pas durer, il faisait trop beau. Depuis cette nuit, il tombe un ouragan de neige mêlée de pluie, et il fait très froid. Je n'ai mis le nez dehors que pour déjeuner au Savoy et je rentre. Je vais travailler cet après-midi. Dis à Paul que je viens de répondre à Chimot[1].

Rien de nouveau, chérie. Wague va demander de nouveau de l'argent ce soir pour nous. Après les on-dit rassurants que je t'ai communiqués hier, Dumestre, hier soir, nous affirme qu'on n'a pas le sou aux Folies, qu'il en est sûr, que Samuel paie ses maçons à tant par mois, etc. etc. Alors nous ne laisserons pas languir nos cachets. Oh ! ce temps, Missy !

Je vais écrire aussi un mot à ce malheureux Jacques[2], sans toutefois lui raconter rien d'absolument précis sur sa crapule de père.

C'est dans trois jours !. Ma chérie, je t'embrasse de tout mon cœur comme je t'aime

Colette

Amitiés à Paul

1. Le journaliste E. Chimot qui, quelques mois auparavant, avait interrogé Colette pour la revue *Madame et Monsieur*.

2. Jacques Gauthier-Villars, le fils de Willy.

Sois assez gentille, mon chéri, pour garder la Pousse un peu en haut malgré la « volonté » de Francine, si toutefois la chienne n'est pas trop embêtante. Reçu un mot de Francine, qui n'est qu'un long dithyrambe sur la chienne et l'amour qu'elle témoigne pour sa Francine. Flûte.

Tu n'as pas vu la bull de Buer ?

Reçu hier la visite d'un M. Bernard de Marigny, aviateur. Il a composé une valse, qu'il demande l'autorisation de me dédier ; il souhaite également illustrer la couverture d'une photographie de moi.

43

P et R

[16 février 1910[1]]

Mon amie chérie, nous avons eu beaucoup de succès hier soir. Et *il y avait du monde* ! Je suis le pou. Pour Suzanne, le meilleur soir il y a eu 51 personnes, et Meg Villars a joué devant 7 spectateurs. C'est bien fé, dirait quelqu'un que je connais. Jeannot a cherché hier matin à me faire déjeuner avec Suzanne avant leur départ, j'ai refusé. Toute la journée j'ai trotté sur mes pattes, hier, je n'en pouvais plus. Ce matin je me suis reposée, et j'attends Campo qui viendra tout à l'heure, il veut m'emmener à Bruges en auto, je ne trouve pas ça très prudent à cause de la panne possible, je vais voir s'il y a un moyen d'y aller par le train. C'est très près, d'ailleurs.

Rien de nouveau, chérie. J'ai fait des folies qui consistent à acheter deux bonnets en tricot tout à fait passionnants !

Es-tu sage ? m'aimes-tu encore un peu ? je n'ai pas de lettre aujourd'hui, mais il n'est qu'onze heures. Campo, Wague et Kerf m'ont chargée pour toi de toutes leurs amitiés. Moi je t'embrasse tant et tant, mon velours chéri, et je t'aime. Demain c'est la dernière de la *Chair*.

Ta Colette

1. La date est déterminée par l'annonce de la fin des représentations bruxelloises de *La Chair* pour le lendemain, donc le 17 février 1910.

Campo m'a envoyé de très jolies roses dans ma loge ! Dis au tyran (j'ai nommé Paul) que je lui serre les mains.

Et j'ai éclaboussé ma chemise de nuit rose avec de l'encre à stylo, – le mien se dévisse si mal à présent. Oh cette Colette !

Au mois d'août dernier le Palace-Hôtel abritait 2 900 personnes.

44

[*Lettre incomplète*]

[25 ou 26 février 1910]

[...] et comme j'allais beaucoup mieux, j'ai été en tramway aux Ponts de Claix [1] – superbe ! – d'où nous t'avons envoyé une carte postale. Je crois que mon empoisonnement est fini. Je n'ai pourtant rien mangé de mauvais et j'ai bu Vittel et citron ! alors quoi ?

J'ai reçu ta lettre ce matin, chérie, et celle de Lyon, etc. M... ! pour Mme Aurel.

Pourvu que tu ne te fasses pas mettre trop de dents ! Vois-tu que dans ton enthousiasme, tu t'en fasses poser un peu partout ? J'espère que ma nouvelle Floss n'est pas trop serine, dis ! J'ai écrit à Cipriani.

Au revoir chérie, ne m'en veuillez pas trop... Je suis sage et je vous aime de tout mon cœur. Je vais me reposer un peu parce que je crève de sommeil et je tâcherai de travailler après.

Votre déplorable

Colette

1. Le Pont-de-Claix se trouve dans la banlieue sud de Grenoble. Cette indication permet de dater la lettre. Le 25 février 1910, Colette écrit à Sido : « ... nous venons de déjeuner aux Ponts, à 3/4 d'heure de Grenoble, au-dessus de la rivière, au milieu des belles montagnes de neige » (*En tournée*, Persona, 1984, p. 60).

45

Hôtel Moderne
Grenoble

[1er mars 1910]

Ma chérie, le mauvais temps est venu jusqu'ici, il fait un froid âpre et du vent, il pleut et il neige vaguement. Demain c'est le dernier jour ici... le temps est long. Je ne suis pas malade, sauf Pauline et une migraine de 45 heures. Je vais aller jouer en matinée pour me distraire, et je viens te dire bonjour avant pour me donner du courage. Rien de nouveau, j'ai travaillé comme j'ai pu, même un peu hier quoique je fusse très souffrante, il ne faudra pas me gronder s'il n'y en a pas trois kilos ? Je compte bien prendre le train de 6 h 22 du matin, mardi, tant pis pour ma nuit ! C'est bien mercredi que Reboux[1] et l'autre déjeunent ?

Ma chérie, je suis tout seul. Je ne suis pas contente. Et je voudrais bien vous voir. Je t'embrasse de tout mon cœur, mon Missy et je suis votre pauvre et insupportable enfant

Colette

1. Paul Reboux, de son vrai nom André Amillet (1877-1963), écrivain, critique littéraire et gastronomique, célèbre pour ses recueils de pastiches *À la manière de...* En 1925, il fait paraître *Colette ou le génie du style* aux éditions Vald. Rasmussen : « Colette n'est pas une femme de lettres. C'est une déesse. C'est la *Vérité* en personne, vivant parmi nous, écrivant parmi nous. »

46

Nice
Le Grand Hôtel
Téléphone 4.18

[4 mars 1910 [1]]

Ma chérie, je reviens de Monte-Carlo. Après t'avoir envoyé une dépêche, j'ai trouvé, ensemble (heureusement) la lettre de Francine et la dépêche rassurante. Ma pauvre Pouce, elle n'a pas de chance. Je ne sais si elle vivra bien vieille... et j'en aurai beaucoup de peine, si elle meurt, parce que tu me l'as donnée, parce qu'elle est belle et parce que l'ensemble de ses qualités et de ses défauts en fait une bulle qui m'est chère... Enfin, rien ne sert de geindre.

Je reviens de Monte-Carlo, où j'ai déjeuné avec la C^sse^ et Janot, rien de nouveau sauf que « l'argent caché » sort tout de même un peu de la poche du vieux salaud [2] ; Janot me dit que Meg est très bien mise, robes et une émeraude en bague, entourée de brillants, et chapeaux épatants, écharpe en fourrure très belle, etc. On met ça sur le compte de « l'Anglaise mariée et riche » qui est folle de Meg et à l'existence de qui je ne crois guère. Meg a montré à Suzanne une photo dédicacée en anglais, en lui disant que c'était la dame en question, ce détail me donne à

1. Colette est à Nice où elle donne cinq représentations de *La Chair* à l'Eldorado du 4 au 7 mars.

2. C'est bien évidemment Willy que Colette désigne par ce nom fleuri.

penser encore plus que l'anglaise n'existe pas. Miché ? Willy ? qu'en penses-tu ?

Christian Beck[1] m'a affirmé hier que Willy a gagné un soir, l'an dernier, 40 000 F (quarante mille) à la roulette.

Aujourd'hui, j'étais assise à une table à côté de la comtesse et fort occupée à perdre mon gain de l'autre jour (6 louis 1/2) lorsque, entre les têtes et les épaules du triple rang de joueurs debout, à l'autre extrémité de la table, j'ai aperçu, devine plutôt, un morceau de la gueule que je connais si bien. Il me regardait, pensant ne pas être vu. Mais réellement, moi qui ne vois pas clair, j'ai *perçu* sa présence dès qu'il a été là. Et pour qu'il sût que je l'avais vu, j'ai dit à la Comtesse en le désignant du doigt : « le vieux maquereau est là-bas ! » Il s'est vu découvert et s'est montré une seconde pour ne pas avoir l'air de se cacher, a joué cent sous et a filé tout de suite. J'ai eu beau le chercher, dix minutes après, il n'était nulle part. Cet homme qu'on dit si près de [*texte absent*] pour d'ailleurs en [*texte absent*] La comtesse a été charmante, m'a dit qu'elle t'aimait beaucoup, et que Suzanne la dégoûtait surtout par le vide profond et désolant de son cerveau et de son cœur, car, comme elle dit cette « bonne fille » est incapable de s'attacher sérieusement à qui que ce soit. Elle barbe tout le monde, là-bas, par un perpétuel « je m'ennuie ». Je ne l'ai pas même aperçue et n'ai chargé personne de

1. Christian Beck (1879-1916), écrivain et poète belge qui écrivait également sous le pseudonyme de Bossi. Willy le croque sous le nom de Christian Jossetennoode dans *Maîtresse d'esthète* (1897).

lui dire [*texte absent*] je t'embrasse, [*texte absent*] et charmant. Est-ce que tu n'es pas épatée, quelquefois, qu'en treize ans j'ai pris si peu de goût pour la canaillerie.

Ta Colette

47

Châtillon-Coligny, [mars 1910]

Mon amour chéri, je suis très sage. Il pleut, naturellement. J'espère que tu as beau temps là-bas pour aller au Perreux. J'ai à peu près fini de raconter Rozven [1]. Je viens de mettre au net sept ou huit pages de « tournées » pour *Comœdia*. Pas de lettre de toi ! Je suis dans la petite maison de maman [2], la chatte grise est extraordinaire avec moi. Elle me regarde tendrement dans les yeux, et puis s'élance soudain et me donne de terribles coups de tête et de nez. Elle me lèche les mains comme un chien et me mordille avec passion, sans me griffer. Elle a un chat de trois semaines dans la cave et s'en occupe assez bien, mais elle ne veut pas qu'on l'apporte en haut. Pourvu qu'elle ne parte pas demain, encore une fois, pour me chercher !

Ma chérie, si tu voyais les deux cerisiers de maman, qui ont deux ans ! L'un est si chargé de fruits qu'on est forcé d'étayer ses branches qui sont trop jeunes et qui casseraient. Et un pêcher de deux ans, en espalier, qui a aussi des fruits. Tout ça, tu comprends,

1. La propriété de Rozven se trouve aux abords du hameau de La Guimorais, sur le territoire de Saint-Coulomb, entre Cancale et Saint-Malo. La propriétaire du lieu, la baronne du Crest, avait refusé de le céder à Missy sous prétexte qu'elle était vêtue en homme. Aussi l'acquisition se fera-t-elle au nom de Colette, mais avec l'argent de Missy, 70 000 francs payés comptant ! L'acte de vente est signé le 21 juin 1910.

2. Du 26 au 29 mars 1910, Colette séjourne auprès de Sido, à Châtillon-Coligny.

ça nous intéresse pour Rozven. J'ai oublié de te dire que j'avais commandé au Louvre mille petits machins brodés rouges, avec le nom de Rozven. J'ai choisi des caractères gothiques, ça va mieux à Rozven, et l'anglaise est si banale. Ça te plaît ?

Ce matin à 9 h 1/2, j'ai été en auto avec Achille [1], il pleuvotait tout le temps, mais l'air est doux et mou. Et nous avons trouvé sous des sapins des champignons de rosée magnifiques, très bons à manger.

Mon amour chéri, je reviens demain ! Pas de nouvelles de Mme de Serres ? j'aurais peut-être dû lui demander une réponse, après la... démarche qu'elle a faite ? Il sera temps d'y penser.

À demain, mon chéri. Maman a retrouvé une lettre de Liette à Willy, sans importance d'ailleurs. Je vous embrasse mon si gentil. Maman vous envoie ses amitiés, et je suis toujours ta

Colette Willy

Je salue Paul Barlet avec vénération.

1. Le docteur Achille Robineau-Duclos (1863-1913), le demi-frère de Colette, « l'aîné sans rivaux ».

48

Grand Hôtel de la Cloche
Dijon

[20 septembre 1910 [1]]

Ma chérie, j'ai trouvé deux dépêches en arrivant, je suis bien contente ! on ne m'abandonne pas, quoique à Rozven, c'est gentil. Je suis (naturellement !) fatiguée, mais je viens de me coller une répétition d'orchestre pas ordinaire ! J'ai conduit, *pour de vrai*, un orchestre très restreint renforcé d'un piano mais plein de bonne volonté, j'ai fait des changements, j'ai retiré des phrases au basson pour les donner aux cordes, j'en ai retiré au violoncelle pour les « confier » (Ouvreuse [2], *passim*) au hautbois, enfin je suis claquée, aphone, et assez contente, parce que les musiciens ont été charmants et d'une docilité à peu près invraisemblable.

Mon amour, j'ai une laide chambre, assez petite, sur un beau jardin, et une salle de bains *épatante*, qui jure avec la chambre. Rien à louer comme chambres dans Dijon. Wague et Kerf n'ont pas trouvé de place ici, ils sont au Jura, succursale de la Cloche. Vincent d'Indy [3] est à l'hôtel. Wague n'arrivera que tout à

1. La présence de Colette et de ses partenaires Wague et Kerf dans la capitale bourguignonne permet de dater cette lettre de septembre 1910, puisque le trio donnait alors *La Chair* au Royal-Kursaal de Dijon du 21 au 29 septembre 1910.

2. C'est sous ce nom que Willy signait ses chroniques musicales.

3. Vincent d'Indy (1851-1931). Artiste marquant de son époque, il a fondé, en 1894, avec Charles Bordes et Alexandre Guilmant, la Schola Cantorum.

l'heure à 7 heures. Et, tu sais, je n'ai pas pu prendre le train de 8 h 20 ! il ne prend des voyageurs que pour au-delà de Dijon ! Heureusement il y en avait un autre à 8 h 30, plus long, qui m'a amenée ici à 1 h 1/2.

Mirette très agitée cette nuit ; mais je crois qu'elle avait une puce, elle s'est grattée beaucoup, j'ai dit qu'on la peigne dès que je serais partie. Pendant que je faisais ma valise avant le dîner, elle était sur les genoux d'Hamel, dans ta chambre, et elle aboyait sans interruption. J'ai sévi, – c'est-à-dire que je l'ai prise sur mes propres genoux. Pas beaucoup dormi, avec cette harpie remuante ! Elle est venue à la fin dans le lit contre mon dos.

Je reçois à l'instant une courte lettre, assez gentille de Lysès qui va m'envoyer des poires ici. Elles seront bienvenues d'ailleurs.

Je songe que vous avez tous déjeuné à Rozven, devant la mer... je suis un peu jalouse... Ma chérie, ne prends pas froid, l'ombre est dangereuse à ce moment de l'année, et tu pourrais être malade, toi qui fuis le soleil. Encore huit jours demain matin !

Dis au gentilhomme breton, fier mais illettré, que Kakesi*ou* s'écrit caques*iau*[1]. Dis bien cela à l'Éternel Contradicteur, – avec un grand C[2] !

Je t'embrasse de tout mon cœur ma chérie que j'aime. Soigne-toi bien. Que j'ai été contente de

1. En Puisaye, terre natale de Colette, « caquesiau » signifie « moustique ». Dans *Le Fanal bleu*, Colette évoque « le plat de "fersues de caquesiau" – entendez, en patois, les foies de moucheron » (*Œuvres*, t. III, p. 1028).

2. Paul Barlet.

recevoir ta dépêche hier soir ! C'est merveilleux d'être arrivée si vite ! Dis-moi les impressions d'Auto sur Rozven. Je t'embrasse encore.

Ta Colette de Rozven

P.S. – Te souviens-tu, dans *l'Immortel*[1], la femme qui avait coupé ses cheveux sur la tombe de son premier mari s'appelait « Colette de Rozen » ?

1. Roman d'Alphonse Daudet, publié pour la première fois en 1888, où est fugitivement contée l'histoire tragique de la princesse Colette de Rosen.

49

Grand Hôtel de la Cloche
Dijon

[21 septembre 1910]

Ma Missy chérie, je rentre, je trouve ta lettre, et je suis bien contente, avec un peu gros cœur de n'être pas là-bas, et avec toi. Je suis dans ma chambre avec... un petit chat perdu, que je viens de ramasser sur les rails d'un tramway. Il est déjà gros mais d'une si impossible maigreur qu'on croit tenir une dépouille d'oiseau. Que faire ? Je l'ai trouvé faible de faim et tout vacillant sur ses pattes, Kerf et Wague en étaient émus. Personne n'en veut. Si tu ne veux pas que je le rapporte, je tâcherai de le donner ici pourvu que je trouve quelqu'un. C'est un gris rayé chat sauvage, mieux marqué que Minne. Il a bu du lait chaud mais il ne veut pas manger, il n'a pas de maladie de peau. Il est sur mes genoux et se colle à moi quand je veux me lever. Voilà. Ça me fait un petit compagnon de solitude.

Ma chérie aimée, que je te raconte. Hier en répétant j'ai conduit l'orchestre, et ça allait bien. Le soir ça a été un désastre, non seulement pour nous, mais pour tous les numéros du spectacle, et c'était un concert de hurlements et de malédictions dans les coulisses ! Cela s'explique tout simplement : nous avons appris que le chef d'orchestre n'a *jamais* été chef d'orchestre, il est marchand de vin, et c'est la 1re fois qu'il conduisait !!! La direction vient de le remercier, mais il reste jusqu'au 9 octobre, on ne peut pas le renvoyer avant. Wague, au tomber du rideau, l'a traité d'assassin ; – au fond, j'avais terriblement envie de rire. Le public a pris fait et cause pour nous et a hué le chef d'orchestre-braque. C'était vraiment intéressant. Nous avons répété de nouveau tout à l'heure pendant 1 h 1/2, j'ai demandé aux musiciens leur aide, ils sont très gentils et feront de leur mieux ce soir. Et puis... je m'en f.

Il y a une jolie Place d'Armes, ici. Mais ça ne vaut pas Rozven. Comment, tant de réparations que ça[1] ? C'est effrayant, mon pauvre amour. Que de crevettes, de pommes de terre, et de poisson il va falloir vendre ! Et que de lignes écrire ! Et que de *Chair* jouer !

Le vent est très froid ici, as-tu froid ? Dijon s'emplit aujourd'hui d'une infâme foule. Je t'embrasse, chérie, je t'embrasse-brasse-brasse, comme dit Mirette. Sept jours demain matin, – c'est interminable ! Je t'aime de tout mon cœur, mon petit Seigneur de Rozven.

Ta Colette

Amitiés à Paul, Kerf et Wague t'envoient les leurs.

1. Missy passa de longs mois à rénover Rozven, à l'aménager et le meubler.

50

[22 septembre 1910]

Ma Missy chérie, pas encore de lettre aujourd'hui, elle arrivera sans doute tout à l'heure. Mais j'aime mieux que ma lettre parte. Ma chérie, j'ai un autre compagnon depuis hier soir, – rassure-toi, ce n'est pas un 2e chat perdu ! C'est Hériot [1], que j'ai trouvé en bas de l'escalier, comme j'allais dîner hier. Tranquille et bon garçon, il avait cassé sa 90 chevaux en partant (heureusement) il est venu par le train, il voulait « voler » aujourd'hui, mais il y a trop de vent. Il a une immense chambre, avec bain, de l'autre côté de la mienne, il nous nourrit Wague, Kerf et moi, et tout à l'heure nous emmène (en taxi !) au champ d'aviation. Il est enfantin et prévenant, et me fait des confidences qui consistent à m'avouer que les femmes le barbent terriblement, et qu'elles veulent toujours coucher avec lui quand il serait si content d'être leur camarade. Au fond, il aimera toujours mieux les hommes, je le pensais bien. Et voilà.

Mon petit ramassé n'est pas brillant. Il prend, à peine, du lait, et c'est une ombre qui serre le cœur, je n'ai jamais vu de bête aussi maigre. Les intestins ne sont pas en bon état et – signe inquiétant – il n'a

1. Né en 1886, Auguste Hériot était le fils des propriétaires des Grands Magasins du Louvre. Ce grand sportif, cultivé et élégant, ne rêve, comme Missy, que de servir Colette dont il est follement épris. Pour celle-ci, en revanche, il s'agit plus d'une passade que d'un amour véritable : « l'aventure me paraît grave surtout pour lui, je ne suis pas moralement en danger », écrit-elle à son ami Hamel le 14 février 1911 (*Lettres de la Vagabonde*, *op. cit.*, p. 45-46).

pas de puces. Il m'appelle, il me suit d'un petit pas vacillant. Peut-être en reviendra-t-il ?

Hier on gelait, aujourd'hui temps orageux et fatigant. Que fais-tu là-bas mon petit organisateur chéri ? J'ai si grande envie d'être avec toi... Hier j'ai mangé du râble de lièvre rôti, et, comme le veut la tradition, j'ai été submergée de rêves, à ne plus savoir où j'étais en m'éveillant, et fatiguée comme si j'avais couru toute la nuit !

Hier l'orchestre meilleur, et grand succès. C'est tout, mon amour. Je t'envoie la lettre de Liette que dis-tu de cette copie de la lettre de Willy ? Que la terre s'ouvre sous lui et l'anéantisse !

Mon amour chéri, je t'envoie toutes mes tendresses, et je t'embrasse de tout mon cœur, encore sept jours à tirer...

Ta Colette

51

Grand Hôtel de la Cloche
Dijon

[septembre 1910]

Ma Missy chérie, vite quelques lignes, car nous rentrons tard de l'aviation. Nous nous passionnons, naturellement, et si tu me regrettes là-bas, moi je te regrette ici, tu aimerais tant ce que nous voyons, et nous le voyons si bien et si... gratuitement. Aujourd'hui pas un souffle, un ciel bleu laiteux et Hériot a volé encore mieux qu'hier, sur son monoplan élégant qui a une queue de pigeon, c'est merveilleux !

Hériot, qui est baptisé une fois pour toutes le « Menneke », vient de voler en passager avec Martinet. Je n'aime pas beaucoup ce genre de divertissement pendant que je suis là, j'aimerais mieux qu'il fasse ça après mon départ, mais il a l'intention de voler pour le record de la hauteur demain. Comme ça ne me regarde pas...

Ce matin nous avons déjeuné gratuitement, tous les quatre, aux frais d'un conseiller municipal d'ici, Hébert, un ancien camarade de Wague. Je crois que mes frais de nourriture, à Dijon, ne me ruineront pas !

Mon chéri, je suis si jalouse de tout ce que tu m'écris – et Auto aussi – de là-bas ! Que vous avez de la chance... Vous connaîtrez Rozven par cœur, et pas moi. Je me sauve vite mon amour, il est temps de dîner. Wague et Menneke se plaisent énormément et s'amusent comme des dieux ensemble. Kerf commence à s'allumer sur le beau petit Menneke et soupirait hier soir dans la loge, avec l'accent que tu sais : « Dieu, qu'il est beau ce petit ! Je lui ferais bien une politesse, oh Erin ! »

Je t'embrasse vite, vite (et pourtant je n'aime pas embrasser vite, vite !) de tout mon cœur, mon amour chéri. Quand es-tu à Paris ?

Ta Colette

Bien entendu, les trois autres te disent un tas de choses gentilles.

52

Grand Hôtel de la Cloche
Dijon

[septembre 1910]

Ma Missy chérie, je n'aurai pas ta lettre aujourd'hui, c'est dimanche ! Il faut attendre jusqu'à demain matin... Nous venons d'avoir une surprise qui nous a fait bondir de joie : la matinée annoncée hier est supprimée ! Nous ne l'avons su qu'en arrivant à la boîte, et nous avons poussé quelques cris d'allégresse. Alors, pour changer, Hériot nous emmène à l'aviation. Il y a eu de très beaux vols hier dans le crépuscule, un des monoplans est monté si haut qu'il n'apparaissait plus, aux yeux courts comme les miens. Hériot devait monter avec Renaux hier, mais il y avait beaucoup de vent, et Hériot pèse 20 kilos de trop pour temps venteux. Aujourd'hui il fait calme, et splendide, Renaux le prendra peut-être.

Ma chérie, vous savez que je rentre vendredi, serez-vous de retour avant moi ? Je voudrais bien trouver votre cher visage à la gare... Avez-vous encore beaucoup à faire à Rozven ? Prenez garde que chaque jour de plus va vous coûter dix mille francs de futurs arrangements et réparations ! Fuyez cet endroit dangereux !

Cette nuit, Hériot a fait monter un souper dans sa chambre pour nous quatre, et on s'est amusés comme des idiots, avec des choses pas très drôles, mais nous avions le rire facile des gens un peu fatigués. Wague et Kerf sont ravis du gosse Hériot, et le dit Hériot s'amuse comme si ça lui coûtait très cher.

Dijon est inhabitable en ce moment. Une telle foule, que nous mettons vingt minutes pour arriver au théâtre, qui est à quatre cents mètres ! Ma chérie, Wague – avec un verre dans le nez – s'est mis à parler de vous à Hériot dans des termes qui me le rendraient sympathique à tout jamais ! Et Hériot a dit qu'il ne vous avait pas beaucoup vue, mais qu'il suffisait de te connaître un peu pour se rendre compte que tu possédais un genre de courage silencieux qu'on ne rencontre jamais chez les femmes. Alors j'étais contente.

Nous partons ma chérie aimée. On parle bourguignon tout autour de moi, ici, ça me réjouit les oreilles. Hier, dans les tribunes, deux jeunes filles, très bien mises, entravées, chapeautées, très parisiennes d'aspect s'approchent de leur mère pour lui dire : « Maman, on a froué, on va marrrchais un peu. » C'est charmant, – pour moi. Avant de t'embrasser comme je t'aime, laisse-moi t'envoyer ce billet doux, qui a bien son mérite. J'ai du succès dans mon pays ! Et j'ai reçu les propositions de deux dames, l'une patronne de l'hôtel, et l'autre propriétaire d'un restaurant de la Roussette. Ça ne m'avance à rien, puisque Hériot nous nourrit deux fois sur... deux ou sur trois.

Je t'embrasse de tout mon cœur, mon amour. Quand reviens-tu ? tu vas être tout maigre après tant de fatigues.

Ta Colette

Et les trois autres t'envoient mille souvenirs affectueux, – ça fait 333,33 pour chacun dirait le vidame de Kakesio [1]

[*lettre jointe*]
Grand Hôtel de la Cloche
Dijon

à Mademoiselle Colette Willy Artiste, mime, littérateur

24 septembre 1910

Mademoiselle,

J'ai eu le plaisir de vous applaudir hier au soir dans *La Chair* et vous avez produit sur moi une impression qui ne s'effacera qu'avec la vie.

Ce matin encore, j'ai eu le bonheur de déjeuner dans le même restaurant que vous et l'impression à la ville a été la même qu'à la scène.

Me serait-il possible d'avoir un moment d'entretien avec vous, même 10 minutes, je vais très vite.

Mes respectueuses salutations.

[*Signature illisible*]

1. Sans doute Paul Barlet. Sur *kakesio*, voir note 1 p. 130.

53

Grand Hôtel de la Cloche
Dijon

[septembre 1910]

Ma Missy chérie, je viens de recevoir ta lettre. Mais quand viens-tu ? Je prendrai *vendredi* matin le train à 9 h 57, est-ce bien ? Mon Dieu, vous habitez tous Rozven avant moi ! Puisque c'est comme ça, j'accepte ta proposition : je ne veux pas y aller avant que tu aies frappé les trois coups !

Mon chéri je reviens de Talant avec Wague et Kerf, c'est charmant à faire en tramway, et nous avons pu voir en détail ce petit village perché, ses vieux porches à colonnettes, ses puits à ventre en corbeille, c'est délicieux !

Le Menneke est parti à 1 h 26 pour Paris, il a juré de venir nous voir vendredi à 7 heures. Il n'y a vraiment que des compliments à lui faire, tu sais ! Il a été un gentil compagnon, très gai, et ce qui est mieux, il m'a très bien soignée. Le chat passait par le balcon et coulait de douces heures sur son lit. Car il a retrouvé des forces, le chat (c'en est un, par chance !) il crie à la viande, maintenant. Tu seras encore effarée de sa maigreur, son train de derrière surtout est prodigieux, mais je le trouve gras et dodu en comparaison de l'état où je l'ai trouvé. Il vient quand on appelle Mi ou Ptit Mi, on l'appellera comme tu voudras. Il commence à bien connaître son plat de sciure, depuis deux jours je n'ai rien eu à nettoyer, et pour la 1re fois il a fait une « Krotte », à peu près formée, l'état de ses intestins était abominable, et l'odeur !!! Et il commence à se laver.

Avec tout ça, tu vois, je n'ai rien fichu, ma chérie. Je vais venir travailler près de vous, ne me gronde pas. Ces journées d'aviation valaient la peine, tu sais, et par quel temps merveilleux !

On va recasser un pied mal remis au Menneke, ça lui fera très mal, il demande qu'on aille le visiter, le plaindre et le réjouir dans une quinzaine, je crois.

Au revoir mon amour, vous rentrez avant moi, dites ! vous ne me laissez pas rentrer seule, et donner ainsi à Mirette une fausse joie ? J'attends, demain, une lettre qui me dira à quelle heure (?) tu arriveras. Je t'aime et t'embrasse, ma chérie, et je suis toujours ta

Colette

Amitiés à tous tes compagnons. Auto ne m'en voudra pas d'avoir si peu écrit !

54

Grand Hôtel de la Cloche
Dijon

[septembre 1910]

Ma chérie, nous rentrons de balade, très tard. J'ai reçu avant de partir votre lettre ou plutôt celle du petit C... ecrétaire[1], qui m'annonçait votre retour pour dimanche. J'ai accueilli cela avec une telle joie que nous avons passé la journée à Fixin pour me consoler. C'est ce que j'avais de mieux à faire, je vous assure. On arrive à Fixin à travers les vignes déjà rouges, et c'est un petit pays charmant, surtout par ce temps quasi-caniculaire. On a visité la Maison de Napoléon[2], et on est restés sur un versant, à l'ombre des pins dans l'herbe sèche, à vacharder. Dijon est torride depuis deux jours surtout, et je n'éprouve que l'envie de fuir dans la campagne, ne me grondez pas ! Et puis c'est mon pays, celui-ci, les toits de tuile, les jardins épais et bien plantés, les fleurs, l'abondance de la vigne vierge, les figures des gens et leur accent, tout ça me plaît et je ne me trouve bien qu'à la campagne, cette ville est insuffisante. Nous vous avons envoyé des cartes de là-bas, nous en avons envoyé à Hériot grâce à qui tu deviens grand' mère, car il est mon fils, et m'appelle « ma mère » ou

1. Paul Barlet.

2. Cette demeure, construite dans le style de l'île d'Elbe, avait appartenu à Claude Noisot, officier de la garde impériale retiré à Fixin où il fit ériger une statue dans son parc en l'honneur de l'empereur. Maison et parc forment aujourd'hui un musée dédié à la gloire napoléonienne.

« maman », comme ça on ne dira pas que je vois des gigolos. Ma chérie, il me semble que vous vous occupez bien plus de Rozven que de moi… Je sais que je dis une bêtise, puisque vous avez voulu me donner Rozven, et vous occuper de Rozven c'est encore vous soucier de moi, mais il faut bien que je sois un peu stupide.

Le chat est stupéfiant. Depuis deux jours il *engraisse* ! Et c'est un vrai petit matou, féroce à la viande, et qui prend des forces à chaque heure. En ce moment il guette une souris que je n'entends pas. On le fera couper, n'est-ce pas ? Il est loin d'être dressé encore au plat, mais ce n'est pas sa faute. Je crois qu'il peut devenir superbe, il a un beau pelage rayé, sans blanc. Ce matin j'ai laissé tomber le bifteck que je râpais pour lui, il s'est jeté dessus et j'ai tenu le chat suspendu au bifteck, comme Poucette au fouet, plus de cinq minutes. Il serrait les dents et fermait les yeux, avec une petite figure évanouie et convulsive.

Voilà tout. Louise m'a envoyé des nouvelles des chiennes aussi. Chérie, tu penses à moi ? Je t'embrasse de tout mon cœur. Combien y a-t-il de semaines que je t'ai vue ? Je suis sage. Je t'embrasse. Je t'aime.

Ta Colette

55

Restaurant Basso et Brégaillon
Quai de la Fraternité
Marseille

[début octobre 1910 [1]]

Ma Missy chérie, je viens de t'envoyer une dépêche. Nous sommes chez Basso : Chloé, Antoniadi, Wague, Kerf, Hériot et moi. Chloé et son ami veulent nous emmener à Toulon en auto et je crois que nous allons céder. Il fait un temps indécent, on meurt de chaleur ! Je suis très mal logée à Noailles : plus rien sur la Canebière ! J'ai pris sans vergogne la meilleure des deux chambres qu'il nous offrait, au petit Menneke et à moi. Ceci n'est pas une lettre, tu penses bien, ma chérie, ils sont tous là à me taquiner et je ne puis rien écrire de sensé ni d'intéressant. Hier soir tout s'est bien passé au théâtre, la tournée de *l'Aiglon* nous a enlevé du public, mais je m'en fous... Je leur cède, à tous, le stylo, ils sont insupportables ! Ma chérie, je t'écrirai en revenant de Toulon, pourvu qu'il me reste le temps de le faire. Je t'embrasse de tout mon cœur comme je t'aime. Ne sois pas trop triste, je t'en prie. Ta chère figure était si pâle à la gare. Je t'embrasse encore avant de laisser la seconde page à toutes ces dames.

Ta Colette W.

1. Du 4 au 6 octobre 1910, Colette se produit sur la scène de l'Alcazar-Léon Doux de Marseille.

C'est moi la première, celle qui se sert de son Duo pour vous envoyer un beser {G.Wague}

C'est moi la seconde et en boule à vos pieds. Elle est très sage ! {Chloé}

Et la troisième c'est moi, et toujours respectueusement à vous. {Antoniadi}

C'est moi la quatrième et voilà un bonjour de Marseille. Amitiés. {Cri Kerf}

Elle ne mange pas de fruits, pas de coquilles et ne suce rien de salé. {Hériot}

56

Grand Hôtel
Biarritz

[7 ou 8 octobre 1910 [1]]

Mardi matin

Ma chérie chérie, ce n'est pas si facile de se loger à Biarritz ! Me voici au G^d Hôtel, y resterai-je ? je pense que oui... Ne fais pas attention si j'écris mal, je suis dans mon lit, il est 8 h 1/2. Comme je t'ai télégraphié, une heure de panne à Bayonne, la locomotive endommagée, il a fallu en trouver une autre, je me crevais d'attendre. Arrivée à minuit au lieu de 10 h 1/2, et l'hôtel d'Angl. comble ! Je me suis fait conduire au plus près, ici. J'ai une salle de bains, mais elle est, comme la chambre, pas belle et rien sur la mer que j'aime tant. On a du sable blond, comme chez nous. Venez me parler de la Méditerranée à côté de ça, que je crache dessus ! Je vais déjeuner (toute seule, je ne sais pas où sont W. et K. [2], ils n'ont pas trouvé de chambres bon marché ici !) et j'irai à la répétition après.

Je t'aime et je t'embrasse

Colette

Patte à Paul !

1. *La Chair* est donnée à Biarritz.
2. Georges Wague et Christine Kerf.

57

[*Lettre incomplète*]

[Naples, novembre 1910 [1]]

Demain, Capri, s'il fait enfin un temps calme et beau, comme aujourd'hui d'ailleurs. Ces journées d'auto me flanquent un sommeil !... Ne me demande pas ce que fait le petit en ce moment, n'est-ce pas ? Il tombe endormi dès qu'il rentre de promenade. Je n'aurais pas le temps de l'imiter aujourd'hui ; il faut s'habiller un peu, je crois que Matilde Serao [2] vient dîner. Je reçois une carte postale de Wague disant que *Claudine* est un 1/2 succès ??

Ma chérie, je te quitte, – encore. Je t'aime mieux que tout et que tous. Le petit est sage. Mais ça n'empêche pas que ce matin il s'est dépêché de finir le pilaf de volaille parce qu'il avait peur que j'en prenne une 3e fois devant lui !

1. Du 10 au 23 novembre 1910, Colette est à Naples avec Auguste Hériot, qu'elle appelle « le petit » ou « l'andouille ».

2. Matilde Serao (1856-1927), journaliste et femme de lettres italienne.

58

Excelsior
Napoli

[novembre 1910]

Ma chérie, je reçois ta chère et gentille lettre, ou plutôt je la trouve en revenant de Pompéi. Cette fois, nous sommes partis par une tempête de grêle (des grêlons comme des œufs d'oiseaux !) et revenus par un beau temps glacial. Écoute : ce matin promenade en ville, déjeuner à midi, départ à 1 heure, 1 h 1/2 d'auto jusqu'à Pompéi, deux heures de marche à travers Pompéi qui est immense, et retour. À mi-chemin du retour, l'auto s'embourbe tranquillement *au milieu de la route.* Désespoir, nuit close déjà, enfin une charrette a consenti à dételer son maigre cheval et à nous venir en aide, le cheval ne suffisait pas, le petit a poussé, moi aussi. Emden[1] aussi et quelques paysans. Enfin on a démarré. Mais quelle route, et quelle fatigue ce soir. Je viens de prendre un bain très chaud, je vais dîner et me coucher, surtout si on va à Capri demain, (lever à 7 h 1/2). Tu comprends qu'avec des journées pareilles on ne songe pas à veiller, d'ailleurs que voir ici ? Les caf'conc' sont infects et San Carlo est fermé.

Le petit trempe à son tour dans le bain, il s'endort debout. Ces soirées d'orgies napolitaines sont effrayantes !

1. Colette traitera avec ce von Emden lorsque, à la recherche de liquidités, elle engagera son collier de perles auprès d'Auguste Hériot, en août 1912.

Nous prenons le meilleur train lundi à minuit, c'est un train qui part 2 ou 3 fois par semaine. À bientôt mon amour chéri. J'ai les joues cuites, le reste aussi. Je vois que les tempêtes ont marché en même temps, à Rozven et ici ! Ma chérie j'aime mieux ne pas parler de Nelle...

Le petit veut Flossie, si je la lui donnais ? Si Nell mourait, je ne veux pas d'autre petite chienne !

Chérie, je t'embrasse de tout mon cœur qui est à toi.

Ta Colette

Le petit est dans l'eau, je suppose qu'il « brasi son père ».

La lettre pour Pawlowski [1] est prête, il est 8 h 1/2 (du soir) elle partira demain matin par les mains d'Emden.

1. Gaston de Pawlowski (1874-1933) reporter sportif et critique. Il fut notamment rédacteur en chef de *Comœdia* et participa aux débuts du *Canard enchaîné* en 1916. Dans *Comœdia*, le 4 décembre 1910, il venait d'émettre une critique favorable à *La Vagabonde*, quoique nuancée. Cette œuvre, dit-il, « est certainement de tout premier ordre », mais il éprouve une « petite gêne » qui « vient du manque de direction de tout l'ouvrage ». La lettre de remerciements que Colette s'apprête à lui adresser montre qu'elle n'a retenu que les éloges.

59

[novembre 1910]

Ma Missy chérie, j'ai reçu ton mot ce matin, je suis contente d'avoir un peu de toi, tu es si loin ! Ma chérie, je rentre, il est neuf heures du soir, nous sommes en route depuis 10 h du matin, en auto. Nous avons vu Portice, Torre-Anunziata, Castellanno enfin tout jusqu'à Sorrente où nous avons déjeuné. Quel pays et quelle lumière ! et en ce moment quelle végétation, ma chérie ! Comme ce pays humilie l'avare et sec midi de France ! je n'en peux plus. Nous avons laissé une roue et l'auto en route, il a fallu faire deux heures de voitures et une heure de chemin de fer, nous venons de dîner, je me suis baignée, si je tombe de sommeil, le petit aussi, et demain on se lève à 7 h 1/2 pour prendre le bateau de Capri. Tu vois j'ai le temps de penser, d'écrire, je n'ai que celui de regarder ! Ma chérie, je m'effondre de sommeil, mais je suis en très bonne santé. Es-tu bien ? Tu n'as pas froid ? tu travailles ? dis-le moi. J'espère une lettre de toi demain matin. Je t'embrasse de tout mon cœur comme je t'aime, ma chérie, le petit aussi, dis à Paul qu'il est un cochon de ne plus m'écrire !

Ta Colette

60

Excelsior
Napoli

[novembre 1910]

Ma chérie aimée, aujourd'hui encore pas moyen d'aller à Capri [1] ! Je suis navrée de partir sans cela, mais nous ne pourrons pas, la mer est trop mauvaise, on ne verra pas la grotte bleue ni la villa de Fersen [2], tant pis. Et je pars lundi à minuit par le train, c'est-à-dire que je serai à Paris le 23 à midi. Pas le temps non plus d'aller à Ischia, le temps ne veut pas. Aujourd'hui, malgré le terrible vent nous sommes partis à 1 h 1/2 pour Herculanum, par une tempête sèche qui mitraillait la figure de sable et de brindilles d'arbres. Vu Herculanum qui m'a laissée totalement froide, je me fous pas mal que le théâtre enseveli contienne 10 000 spectateurs et que les loges d'artistes valaient celles d'à présent. J'ai surtout vu que c'est une cave sinistre où l'eau glacée sue de partout. Les maisons ruinées sont plus sympathiques, mais... flûte ! Au retour la tempête a redoublé, mais en cessant d'être sèche, et quelles trombes d'eau nous avons reçues ! J'ai changé de tout et je me suis couchée, endormie, et naturellement j'ai juste le temps de t'embrasser avant l'heure du courrier. Mais je n'ai pas pris froid, tu sais, je te le promets. Je cherche avec

1. Colette réussira finalement à aller à Capri, comme l'atteste une carte postale adressée à son frère Léo le 20 novembre 1910 (collection Michel Rémy-Bieth).

2. La villa Lysis, propriété du baron Fersen à Capri.

désespoir ce que je pourrais te rapporter, ma chérie, il n'y a ici que des copies en bronze, en zinc, en mie de pain, en réglisse, en pain d'épice, – des choses du musée. Si encore il y avait quelque chose pour notre Rozven ! Je ne peux pourtant pas te rapporter un trépied phallique !

Le petit est bien gentil ces jours-ci. Il pousse des hurlements depuis ce matin : « Pas quitte sa mère ! pas quitte sa mère ! » Il parle tout le temps, comme Nelle, à présent. D'ailleurs il témoigne d'une conception bien particulière du rôle d'une « mère », et en ferait un rôle bougrement compliqué...

Ma chérie, je t'embrasse. Mon cher velours, je t'aime de tout mon cœur. On va s'occuper de M. Gauthier-Villars, pas ? Je suis toujours ton insupportable enfant.

Colette

Patte à Paul.

61

[fin novembre 1910]

[*Suscription*] La poste envoie à « Mr Missy » un avis, comme quoi Mr Missy peut toucher 2 F de remboursement pour l'exprès de St Briac.

Ma chérie, ma raison de vivre, il n'est pas encore onze heures. J'ai redormi très peu, dans ton lit, à cause de Petit Kro-Kro que ton départ avait bouleversée, et qui a fait le sabbat, pauvre petite. Elle continue, d'ailleurs. Tu n'imagines pas ce qu'est cette chienne en ton absence. Depuis que j'ai déjeuné, elle s'est couchée sur le lit, la tête vers la porte, et elle t'appelle avec un petit langage extraordinaire. Le reste du temps, elle aboie, et elle engueule tout le monde. Elle m'a fait tout de même une scène de tendresse, mais... tu n'es pas là, elle ne voit que cela. Moi, au moins, je n'aboie pas, – pour le reste, je suis comme Mirette, mon amour.

J'ai mal à la tête, j'ai envoyé Henri promener tout seul et je lui ai dit qu'il arrange l'écurie. Petit Kro-Kro a daigné faire une Krott-Krott-Krott sous ma haute direction. Flammarion est venu (mais il n'a pas fait de Krott-Krott-Krott !) et a repris les livres en apportant les autres. Le plombier est venu (mais il n'a pas... etc. etc.) réclamer 6 F 50, que j'ai dit de payer. Ai-je eu tort ?

Voici le Louvre[1], qui me demande 707 F et des centimes. Je lui dis qu'il revienne dans huit jours. S'il

1. Les Grands Magasins du Louvre, fondés en 1885 par Alfred

y a autre chose à répondre, que Paul écrive. La facture est à mon nom. Je te quitte, mon chéri, parce qu'on vient me laver les cheveux, je reprendrai ma lettre après le déjeuner, dans le cas où Jeannot me raconterait des choses amusantes. Je te souhaite une belle route, de tout mon cœur, et qu'un bon Hasard en écarte devant toi le moindre ennui.

Ma chérie, Jeannot est partie, elle ne m'a rien raconté de bien étonnant, sauf qu'elle est en bisbille avec Suzanne, qui entend l'avoir sous la main comme pis-aller quand elle n'a rien de mieux. Et j'ai votre dépêche, mon chéri, vous êtes bien gentil ! Vous n'avez pas perdu de temps en route, pour être à Alençon à onze heures !

On vient m'apporter, de la *Vie Parisienne*, 500 francs (seulement !) et une lettre très aimable. Saglio a eu une panne d'auto en pleine campagne, il a dû se passer de déjeuner !! et il a trouvé mon invitation en rentrant. Reçu aussi un magnifique « Tout-Paris » relié et doré, avec une carte de l'éditeur « remerciements pour avoir mentionné le Tout-Paris dans "la Vagabonde" ! »

Ta petite fille est terrible. Les autres aussi. Je crois qu'elles me considèrent toutes comme une quantité négligeable, et le tue-mouches ne sert à rien, même manié d'une main sûre. *Toutes* les chiennes aboient depuis ce matin pour le moindre bruit. Si on sonne c'est un vacarme de meute. Dorée et Poucette s'en

Chauchard et le grand-oncle d'Auguste Hériot. Situés à l'actuel emplacement du Louvre des Antiquaires, ils fermèrent définitivement leurs portes en 1974.

mêlent, et même Flossie ! Elles savent toutes que tu es loin et se conduisent comme si j'étais partie aussi, c'est d'ailleurs intéressant comme psychologie canine, tu ne trouves pas ? Les deux petites sont sur mes genoux naturellement. Et j'ai battu tout le monde, parfaitement.

Mirette et Nell, à table, n'ont pas mis une seule fois les pattes sur le bord du panier, n'ont *rien* demandé à manger, et j'ai dû leur offrir du filet froid qui a été très bien accueilli. Mais ne trouves-tu pas touchant, et curieux, cette humeur désolée des petites bêtes en ton absence ? On tâchera de les quitter le moins possible, les pauvres !

Bonsoir, mon amour. Je suis sage, et je le serai jusqu'à mon retour. J'ai parlé de vous à Jeannot, pour me consoler. Je vous aime de tout mon cœur qui vous est, – sans peine et sans mérite, – fidèle.

Ta Colette

La patte à Paul et j'embrasse Auto et les petites. Embrasse bien Rozven pour moi.

62

Hôtel Royal
Promenade des Anglais
Nice

[fin décembre 1910 [1]]

Missy chérie,

Le plus pressé, c'est d'écrire à vous, d'abord ! Mon énorme courrier viendra après. Je sors de la matinée *Claudine*, où j'ai fait, simplement, le maximum. Labruyère, exultant, est venu me l'apprendre dans ma loge. Et cela par un temps !... pas un nuage, une mer ronronnante, un soleil indécent. Tout va bien de ce côté. Si au moins tu n'avais pas d'urticaire ! Tu sais, c'est sûrement le froid, ou tout au moins le vent vif qui t'a saisie, cette crise terrible dont me parle ta dernière lettre. Ne te martyrise pas trop, sous prétexte de soins, ma chérie. Le café dans les boîtes à savon, j'ai trouvé ça très « naufragé » et amusant.

Pendant la matinée, le gosse a pris le train, avec sa suite. Il m'a laissé une lettre folle, écrite toute en i comme parle Sacha, où il dit qu'il va faire l'impossible pour revenir avant la fin de mon séjour. Il a laissé aussi une corbeille de fleurs !!! (détail invraisemblable mais vrai). Et je ne n'ai pas eu à me plaindre de lui, il a été très gentil. Je lui demanderai des nouvelles du plan, – par lettre s'il ne revient pas ici.

Aujourd'hui j'ai eu, à tous mes entractes, la visite

1. Colette a joué *Claudine à Paris* à Nice au théâtre des Capucines le 22 octobre 1910 et les 21, 22 et 23 décembre 1910.

de René Blum[1] qui est à Cannes. Et demain, je déjeune avec... d'Humières[2] ! de qui j'ai reçu une lettre, tendre naturellement. Il est à Grasse. Tu vois que je ne suis pas abandonnée : je dîne ce soir avec le petit Vermeil, et je ne joue pas ! je me coucherai tôt. Je n'ai pas joué à la roulette, mes essais mentaux sont trop désastreux. Le petit a perdu près de 4 000 francs, il était furieux. Pourtant, je me suis laissée allée à perdre cent sous dans le machin qu'on actionne avec une poignée, dans le hall de l'hôtel, tu sais ?

Reçu de grands compliments sur ma façon de jouer Claudine, – et la visite de Mme Renée d'Ulmès ! (ça c'est moins drôle).

Chérie, je vais faire mes devoirs, c'est-à-dire répondre à des gens. Ne prends pas froid. Encore sept jours à tirer... Je t'embrasse et je t'aime, mon amour, et je suis ton insupportable faux enfant

Colette

1. René Blum (1878-1943), le frère de Léon Blum. Chorégraphe, il fonda le ballet de l'opéra de Monte-Carlo. Colette fit sa connaissance à l'occasion d'une représentation de *Chéri* au Grand Casino de Monte-Carlo.

2. Robert d'Humières (1869-1915). Cet homme brillant, cultivé et raffiné, dirigea le théâtre des Arts de 1907 à 1909. Il reste surtout connu pour ses traductions, dont celle du célèbre *Livre de la jungle*. Ses propres œuvres sont tombées dans l'oubli malgré leur surprenante beauté.

63

Hôtel Royal
Nice

[fin décembre 1910]

Vendredi

Ma Missy chérie, je viens de déjeuner avec d'Humières. Il est maigre, – pas trop – un peu vieilli, agile, leggins aux jambes, l'œil câlin, très en forme, tout à fait gentleman-farmer ! Il a été très gentil et je l'ai invité à déjeuner pour mercredi. On a fait patia patia, tu penses ! Il est plus... « comme ça » que jamais ! J'ai retenu un mot de lui sur toi, assez drôle : « Qu'on dise ce qu'on voudra de Missy, qu'on trouve qu'elle ait l'air d'un homme, moi je ne la vois que sous un seul aspect : celui d'une femme du monde et du meilleur. » C'est très d'Humières, hein ?

Mon chérie, qu'il y a longtemps que je ne t'ai vue ! Ta chère figure et ta présence calmante, et tout ! Le soleil, la fenêtre ouverte, les fleurs, – c'est très joli, mais... tu n'es pas là. Mon Dieu, ce que je donnerais pour t'entendre me gronder un bon coup ! Hier soir je n'ai pas joué (j'ai joué en matinée) et je me suis couchée à 11 heures. Ce soir je joue encore *Claudine* et à minuit 1/2 on répète *Xantho*[1], il faut que je sois là pour la musique, et pour connaître le plan dont je disposerai pour danser (un fond d'assiette à

1. *Xantho chez les courtisanes*, comédie en vers de Jacques Richepin, succède à *Claudine* du 24 décembre au 4 janvier 1911 puis du 14 au 22 février 1911.

desserts, à peu près ?) Avez-vous lu le Marcel Ballot[1] ? C'est épatant. Dis à Paul, ma chérie, que je réponds à tous les articles bien sagement, j'ai écrit douze lettres hier. Après la 1re de *Xantho* et la journée de dimanche (matinée *et* soirée) je travaillerai un peu. Paul dit que les filaria[2] sont terribles, tu vas t'éreinter tes petites mains. Des ananas à Paramé !! Il n'y a pas de pays qui vaille celui-là, décidément. J'ai raconté Rozven à d'Humières, je lui ai promis des photographies.

J'ai envoyé la copie recommandée au *Matin*.

Ma chérie, et l'urticaire ? Je t'embrasse comme je t'aime, et je t'aime de tout mon cœur.

Ta Colette

Patapol

1. Marcel Ballot tenait la rubrique littéraire du *Figaro*, où il avait fait l'éloge de *La Vagabonde*.

2. Arbrisseau appartenant à la même famille que l'olivier.

64

[Nice, fin décembre 1910]

Lundi

Ma chérie, un petit mot en sortant de ma matinée. Je ne joue pas en soirée aujourd'hui, alors nous irons Vermeil et moi, voir les 50 chiens dressés à l'Eldorado (là où j'ai joué en février dernier[1].) Le gosse n'est toujours pas revenu, je ne sais pas ce qu'il y a avec sa mère en ce moment, mais il en a une frousse spéciale. Je reçois un journal de province, mal disposé, qui dit amèrement : « Tout est pourri ! on nomme Colette Willy académicienne[2] et M. Fallières[3] invite Mme [*illisible*] aux chasses ! » Et trois fois dans le corps de l'article il y a mon nom et celui de Mme [*illisible*]. Hasard, de quoi te mêles-tu ? Mon chéri, je n'ai que la lettre de Paul ce matin, il n'y a rien de toi dedans. Les journaux de Nice ne tarissent pas sur ma danse. Il y a un Russe qui est venu louer un fauteuil au premier rang, aujourd'hui, mais en demandant : « Est-ce bien sûr que de cette place je

1. Colette se trompe, elle a joué *La Chair* à l'Eldorado de Nice du 4 au 7 mars 1910.

2. *L'Intransigeant* avait lancé le 24 novembre une enquête à propos de la candidature de Mme Curie à l'Académie des sciences, intitulée « Trois femmes sous la Coupole ? Celles qui deviendraient "immortelles" si l'Académie française rompait avec la tradition ». Colette était arrivée en troisième position après Gérard d'Houville (Marie de Régnier) et Anna de Noailles. Plus de la moitié des réponses étaient défavorables à la présence des femmes à l'Académie.

3. Armand Fallières (1841-1931), président de la République de 1906 à 1913.

verrai les pieds de Mme Colette Willy[1] ? » Et ce n'est pas Poliakoff. J'ai rencontré Farconnet[2] qui m'a accusée de l'avoir salement plaqué et qui pour se venger, veut me faire faire une semaine à Évian.

Ma Chérie, je voudrais ne pas manquer le courrier. Ne m'oublie pas, je t'aime tant.

Colette

1. Dans *Xantho*, Colette interprète la danseuse Daphnis. Son succès tenait en partie au scandale que provoquait sa nudité : elle ne portait pas le maillot de couleur chair qui recouvrait habituellement le corps des artistes et montrait une peau nue.

2. H. de Farconnet était le directeur du casino municipal de Nice qui avait été construit en 1884 place Masséna et fut détruit en 1979.

Collection Michel Rémy-Bieth.

Missy, exquise marquise de Morny. Avant d'adopter définitivement le costume masculin, elle se livre à d'amusants essayages. Sous la moustache, on devine encore les traits féminins.

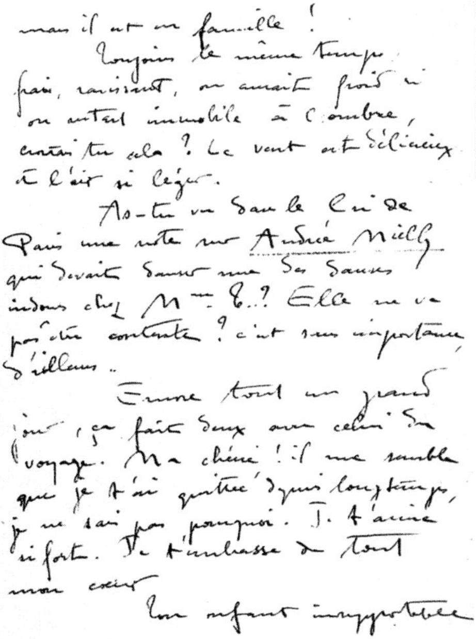

mais il est en famille !

Toujours le même temps frais, ravissant, on aurait froid si on restait immobile à l'ombre, conçois-tu cela ? Le vent est délicieux et l'air si léger.

As-tu vu dans le Cri de Paris une note sur Andrée Mielly qui devait danser une des danses indoues chez Mme E..? Elle ne va pas être contente ? c'est sans importance d'ailleurs..

Encore tout un grand jour, ça fait deux avec celui du voyage. Ma chérie ! il me semble que je t'ai quittée depuis longtemps, je ne sais pas pourquoi. Je t'aime si fort. Je t'embrasse de tout mon cœur

Ton enfant insupportable

Lettre de Colette à Missy, début juin 1909. Leurs rapports sont placés sous le signe de la relation mère-fille ainsi que le montre la mention qui précède la signature : « ton enfant insupportable ».

Collection Michel Rémy-Bieth.

Goût du déguisement,
goût du travestissement…
Missy adore modifier son apparence.
La voici en empereur romain.

Collection Michel Rémy-Bieth

Collection Michel Rémy-Bieth

Missy en dandy de la Belle Époque : elle porte le cheveu court, le complet veston, chausse des bottes trop grandes qu'elle rembourre de papier journal et se fait appeler Max ou oncle Max.

Collection Michel Rémy-Bieth

L'élégance selon Missy : pantalon gris perlé, cravate de chez Charvet et chapeau melon.

Collection Centre d'études Colette

Un des rares clichés de Missy, jeune, habillée en femme.

Collection Michel Rémy-Bieth

« Elle avait, d'un homme, l'aisance, d'excellentes façons, la sobriété du geste, un viril équilibre du corps »
(Colette, Le Pur et l'Impur).

Colette, Missy et trois de leurs amies sur la plage du Crotoy où les deux femmes prennent leurs quartiers d'été de 1906 à 1910.

Collection Frédéric Maget

Été 1907. Colette et Missy au Crotoy, sur le perron de la villa Belle-Plage.

Collection Frédéric Maget

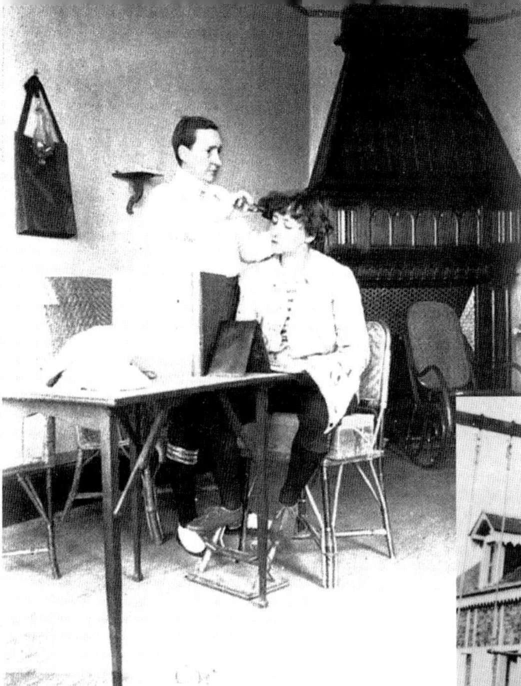

Collection Michel Rémy-Bieth

Scène intime : Missy coiffe Colette dans le salon de la villa Belle-Plage.

Collection Michel Rémy-Bieth

Séance de gymnastique au portique dans le jardin du Crotoy. Willy avait ironiquement annoté cette photo : « Dislocations d'aristocrates ».

Collection Michel Rémy-Bieth

Sur la plage du Crotoy. L'annotation est de Colette : « Vous savez, je ne suis pas si engraissée que ça, au contraire, c'est qu'il faisait très froid et que j'avais trois maillots... »

En décembre 1906, l'apparition de cette affiche sur les murs de Paris met en émoi la famille de Missy et le clan des Belbeuf. La clameur qui s'élève n'est que le prélude au scandale qui éclate au soir de la première de ***Rêve d'Égypte****, le 3 janvier 1907.*

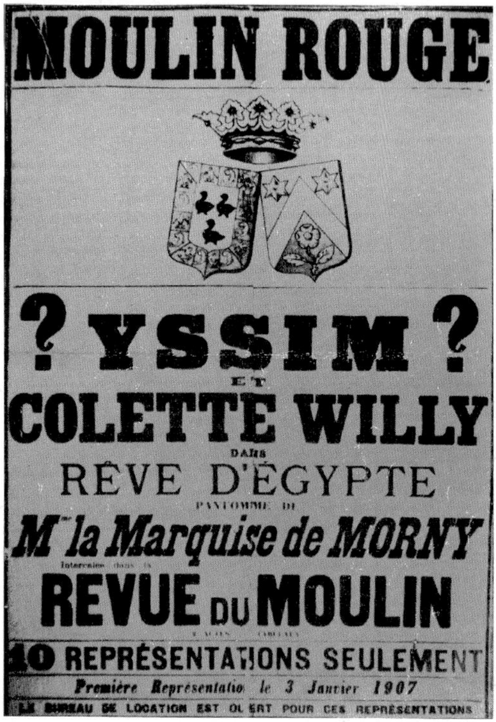

Collection Michel Rémy-Bieth

Collection Michel Rémy-Bieth

Le couple qui fait scandale fait aussi le bonheur de la presse satirique. Les caricaturistes, tel Sem, s'en donnent à cœur joie.

Le 15 décembre 1906, le journal ***Les Sports*** *organise une soirée de gala au Moulin-Rouge avec en vedettes Colette et Missy (dont le nom de scène est Yssim) dans* ***La Romanichelle****.*

Les Sports ont l'honneur de prier

M. ____________________

de vouloir bien honorer de sa présence la Fête "Sports - Redoute", donnée à l'occasion du Salon de l'Automobile et qui aura lieu au MOULIN ROUGE, le Samedi 15 Décembre, à minuit.

Au Programme :
Débuts et Première de
Yssim et Colette Willy

R. S. V. P.
Les Sports, 20, rue St-Marc

Carte de Faveur strictement personnelle, [illegible] donnant droit qu'à une seule entrée.
On trouve des Entrées aux guichets du Moulin-Rouge. Prix : 10 fr. ; Loges : 100 fr.

Collection Michel Rémy-Bieth

À la scène comme à la ville, Missy veille sur sa protégée, qui rendra hommage à « cette humeur protectrice, cette adresse à soigner, cette maternité délicate dans le geste, apanage des femmes qui ont sincèrement et passionnément aimé les femmes »
(Colette, La Vagabonde).

Le 15 avril 1910, Colette est en tournée à Nice où un photographe la surprend dans une rue en compagnie de Missy.

Collection Michel Rémy-Bieth.

Missy à la fin de sa vie : un vieux monsieur pathétique au regard bouleversant.

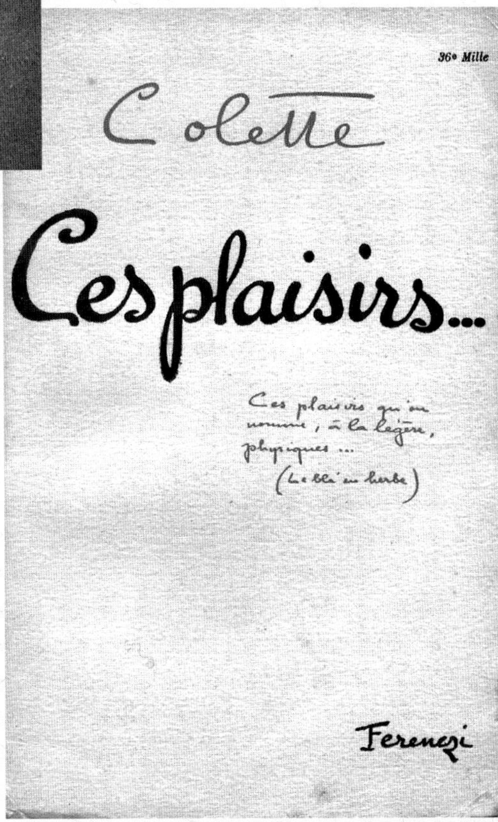

Collection Centre d'études Colette.

Après leur séparation en août 1911, Colette et Missy renouent une amitié au début des années trente. Mais la parution de **Ces plaisirs...**, *où Missy est évoquée sous les traits de la Chevalière, provoque une brouille passagère en 1932. En 1941, l'édition remaniée paraît sous le titre* **Le Pur et l'Impur**. *Cette fois, la rupture est définitive.*

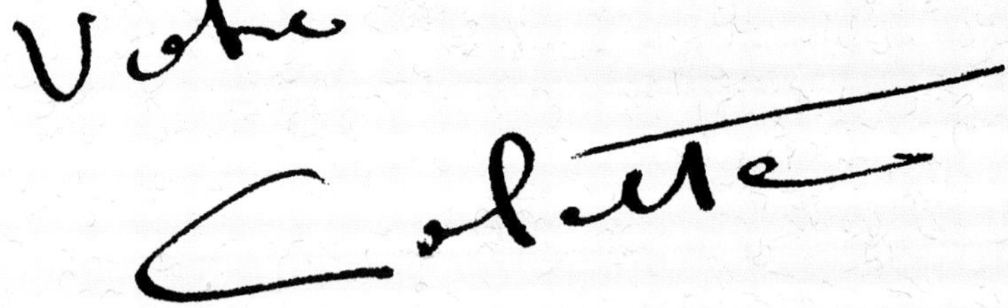

Création Studio Flammarion

65

Hôtel Royal
Promenade des Anglais
Nice

[24 décembre 1910]

Ma chérie aimée, j'ai ce matin la lettre de Paul où tu as écrit sur la 2e page. Hier c'était mon tour de ne rien avoir de toi ! Je t'écris avant d'aller déjeuner avec le petit Vermeil, qui est très gentil et ne « tape » pas, cette fois, je crois que je l'en ai guéri. Il est poseur mais pas bête, et il n'est pas d'extraction simple, sa sœur est licenciée en lettres à 19 ans et travaille l'agrégation, enfin on peut causer un peu, je lui paye bien volontiers cent sous ou six francs de repas. Donc, je t'écris avant déjeuner parce que cet après-midi on répète *Xantho*, qu'on a répété cette nuit jusqu'à *3 h 1/2*, les malheureux ! Il y a là-dedans un lot de petites tortues qui disent les vers, à réjouir le cœur ! Il est vrai que Richepin fils[1] ne mérite pas mieux.

Belle salle hier soir, Labruyère rayonne. Ce soir tout est loué. Je m'en vais réveillonner dans mon lit, moi ! Figure toi que le petit a emporté poil-de-chameau ! Je n'étais pas sûre que ce fût lui, et je lui ai envoyé une dépêche angoissée à laquelle j'ai reçu hier cette réponse : « Sois sans inquiétude, ai passé nuit folle dans poil de chameau. » Ce à quoi la poste a

1. Jacques Richepin (1880-1946), fils de l'écrivain Jean Richepin (1849-1926), était journaliste, poète et dramaturge. Il dirigea avec son épouse l'actrice Cora Laparcerie (1875-1951), créatrice du rôle de Xantho, le théâtre de la Renaissance à Paris.

ajouté *sic*. Toujours le même temps, ma chérie, c'est de la chance. Je le sais très bien, qu'il fait plus beau à Rozven Mais je ne le verrai que quand la baguette de mon petit enchanteur aura frappé les trois coups. Oh ! que je serai contente ! Oh, que j'aurai envie de pleurer !

Je t'embrasse, je t'aime.

Colette

Dis à Paul d'être tranquille, je réponds à tous les articles, celui d'Ernest-Charles[1] m'a été vraiment agréable.

J'ai expédié hier à Paul, comme lettres, deux paquets de coupures.

Ta figure toute brûlée ! je t'en dirais, si je te voyais comme ça !

1. Jean Ernest-Charles, avocat spécialisé dans les procès littéraires, devenu journaliste et critique littéraire.

66

Hôtel Royal
Promenade des Anglais
Nice

[25 décembre 1910]

Ma chérie, j'ai ta lettre dès ce matin, je suis contente pour la journée. Il faut tout de suite que je te dise une chose qui m'embête, je me suis aperçue que j'avais des petits vers comme Poucette, tu sais des vers de l'extrémité de l'intestin, longs d'un centimètre à peine et avec une toute petite tête noire. Ça me dégoûte et ça me fait une peur terrible, j'en ai aussi peur que si c'étaient des boas ! Et ça m'ennuie de te le dire, mais je voudrais savoir ce que je dois faire. Moi qui suis si sage, ça n'est pas juste ! Je m'ébouillante partout, mes intestins marchent au doigt et à l'œil (!), je mange des côtelettes et des haricots verts, je ne bois *que* du Vittel et du citron, et il faut que j'aie des saloperies d'animaux dans le c... orps ! Je suis terriblement malheureuse !

À part ça, tout va très très bien, mon amour. En fait de réveillon, je me suis couchée à minuit et demi. Le petit n'est pas revenu, mais il peut être là d'une heure à l'autre, c'est assez sa manière.

Mon chéri, j'ai un succès fou à Nice ! Hier j'ai débuté dans *Xantho*, j'avais réussi un drapé noir et argent, épatant (J'ai la petite Rosni-Derys[1] comme camarade de loge depuis hier, celle qui joue *Xantho*.) Et on dit mon nom dans la rue quand je passe, et

1. L'actrice Jane Rosni-Derys.

Savona, fleuriste, m'approvisionne quotidiennement, à l'œil, de boutonnières épatantes, et quand je veux lui acheter des fleurs, il me vend vingt sous des bouquets de violettes de huit francs. Enfin je n'ai jamais eu tant de succès à Nice. Le vieux horrible Schlesinger m'a fait faire des propositions. Son aspect seul ferait reculer l'âme la mieux trempée ! Je t'envoie des coupures et l'article de Séverine[1] communiqué par Maurevert[2] et que je n'ai pas reçu par le *Courrier*[3]. Ollendorff fait passer partout des communiqués où il annonce qu'on a vendu 20 éditions de *la Vag.* en huit jours. Ça fait toujours très bien. Je me sauve à ma matinée, mon amour. Je connais ce printemps d'arrière saison dont tu me parles, je l'ai vu autrefois. Il est inexplicable et il me prend le cœur. Je t'aime mon chéri et je t'embrasse.

Ta Colette

Patapol. Dis-lui que j'ai trouvé ses cartes au théâtre. Je t'envoie aussi cette lettre navrante et jolie, d'une inconnue[4].

Donne-moi des nouvelles de Nell et de ma rosse noire, et dis-moi si Lucky revient.

Amitiés à Paul

1. Séverine (1855-1929) avait débuté dans le journalisme sous les auspices de Jules Vallès.

2. Georges Maurevert (1869-1964) collaborait à l'époque à l'*Éclaireur de Nice*, dans lequel il avait consacré un long article élogieux à Colette.

3. Souligné deux fois dans le texte. C'est un reproche adressé à Paul Barlet qui devait communiquer à Colette les articles la concernant.

4. Cette lettre n'a pas été conservée.

67

[*Lettre incomplète*]
Hôtel Royal
Nice

[fin décembre 1910]

[...] douzaines, et ça le dégoûte, et c'est en somme logique. Hier soir en dînant, il [1] a dit, comme quelquefois, un mot pas trop idiot. « Ce qu'il y a de terrible, c'est que personne ne m'a suffi jusqu'à présent, et toi tu me suffis. » (Je suis un type dans le genre de Mme Meurlot [2]...) Là dessus je me re-sauve. Je te récrirai dès que je pourrai, mon amour, demain avant le déjeuner, si je me réveille assez tôt. J'ai bouffé d'exquises petites mandarines dans les jardins de Madame Mère ! Reçu une lettre épatante d'Octave Maus [3]. Je l'espère bien que tout le monde admire Rozven ! il n'y avait pas au monde un endroit pareil à celui-là ! il était digne de te faire aimer la vie à la campagne, ma chérie. Je t'embrasse comme je t'aime, de toute ma tendresse. Le petit n'est pas là, alors je ne te dis rien de sa part. Je vais dîner vite toute seule et partir pour le théâtre ; heureusement c'est à cinq minutes.

Ta Colette

Patte à Paul

1. Probablement Auguste Hériot.
2. Jenny Meurlot était une proche de Natalie Barney.
3. Avocat et critique d'art, Octave Maus (1856-1919) est l'un des fondateurs du Groupe des Vingt (ou des XX), un cercle artistique créé à Bruxelles en 1883.

68

[*Lettre incomplète*]

[Nice, fin décembre 1910]

[...] après *Xantho* le petit nous a emmenés souper chez la belle Meunière[1], Vermeil et moi, et aussi le baron Sabich, une tante allemande, qui a l'air d'une sarigue[2] décolorée.

Tu sais que je danse très bien dans *Xantho* ! La lettre de Paul ce matin est stupide et m'a fait crever de rire, la chanson du minimum est charmante !

Et puis, c'est tout. Tu vas me revenir avec des petites pattes terribles ! J'en tremble d'avance ! Et je t'aime et je t'embrasse, mon amour.

Ta Colette Willy

Le petit dit qu'il faut que je « brasi son père » pour lui. Au fond – et au-dessus aussi – il a très peur de toi !

1. L'un des rares restaurants ouvert la nuit à Nice, très fréquenté avant la Première Guerre mondiale.

2. Autre nom de l'opossum.

69

Majestic Palace Hôtel
Nice

[février 1911]

Ma Missy chérie, je trouve ta lettre en rentrant de ma matinée. Il est tard, Nice est en proie au carnaval, on ne passe plus nulle part, on reçoit des confettis dans la gueule, c'est à devenir fous ! Le petit est à l'aviation, Lily[1] vient de me rentrer, nous jurons et sacrons comme des templiers à cause du carnaval ! Ce matin déjeuner avec Farconnet au Casino. Et qu'est-ce qui vient s'installer à la table à côté ? La Troubetzkoy avec Jean Guitry[2], Potier, etc. Si tu avais vu les figures de mes deux gardiens ! Il n'y a pas eu d'esclandre, tu penses, je ne l'aurais pas voulu. Ça s'est terminé le mieux du monde : le petit a emmené toute la bande à l'aviation et je suis allée à ma matinée.

C'est tout. Rien de nouveau. Mercredi on déjeune sans doute avec la comtesse et Jeannot.

Te dire le jour où je finis ? mais mon chéri je l'ai demandé *tous les jours à Labruyère* et je ne le sais que d'hier soir. Nous finissons le 23. Et le 24 au matin la troupe s'embarque (sans moi) pour Tunis.

1. Lily de Rême entre dans la vie de Colette au mois de février 1911. Elle apparaît dans *L'Entrave* sous les traits de l'insupportable petite May.

2. Jean Guitry (1884-1920), frère aîné de Sacha, avec qui il partageait le goût des belles automobiles.

Labruyère ne savait pas encore si on jouerait jusqu'au 24 inclus. C'est long dis...

Je vais te trouver avec de jolies petites mains ! c'est scandaleux. C'est même... inquiétant.

Ma chérie, voilà des lettres pour Paul, qu'il réponde à tout ça, j'en ai plein le dos. Leblanc[1] a envoyé un gentil télégramme aujourd'hui, et Hamel m'a écrit. Quoi encore ? Rien. Je suis dégoûtée. J'ai envie de partir pour aller te voir. Je me porte très bien, d'ailleurs, les intestins, et le reste, tout ça en bon état. Je ne tousse plus depuis longtemps ! Cette mer est idiote, ici. Lily est une enragée bretonne bretonnante, et elle parle de « notre » côte avec un enthousiasme.

Je t'embrasse, chérie. Je t'aime. Poucette a dû être si contente d'être battue. La rosse !...

Louise a mal à la gorge, à Paris, tu le sais ? Je te rembrasse, mon amour.

Ta Colette

Lily te remercie mille fois de l'adopter, elle t'envoie un tas de choses aimables, – le petit – c... est toujours au champ, il attend le retour de la course Nice - Cannes - Nice.

1. La cantatrice Georgette Leblanc (1869-1941), sœur de l'écrivain Maurice Leblanc, fut la compagne de Maurice Maeterlinck.

70

Majestic Palace Hôtel

[Nice, 15 février 1911]

Ma Missy chérie, je ne suis qu'une andouille et qu'une andouille très malheureuse, j'ai perdu la petite bourse en or que tu m'as donnée il y a presque trois ans. Crois-tu ! Je mérite toutes les engueulades. J'y tenais beaucoup.

J'ai eu deux lettres de toi ce matin, chérie, l'une revenait de Beaulieu. J'ai aussi celle de Paul qui m'a fait rire. Mais pourquoi dis-tu que je te ferai de la peine ? Je suis donc bien méchante ? Je sens si vivement tout ce bien qui me vient de toi !

Je vous vois tous là-bas... Et je sens, à n'en pas douter, qu'il y fait doux. Je sens qu'il y a là-bas l'odeur vivante de la terre, tandis qu'ici ça ne sent jamais que les fleurs ou la m...

C'est hier soir, mardi que j'ai débuté. Le théâtre est charmant, on n'entend pas un mot de ce que disent les acteurs, enfin c'est un endroit exquis pour danser. On y fera sans doute de la pantomime l'hiver prochain. Tout s'est bien passé, j'ai eu du succès sans me tuer, tu penses. Et j'ai retrouvé Rosario, tu sais, la Rhada qui venait aux répétitions de la *Romanichelle*[1] ? Elle a trouvé le beau chopin[2], et ne fait plus de music-hall, elle est à Nice depuis deux ans avec son « ami ».

1. Pantomime de Paul Franck, interprétée par Colette en 1906 à l'Olympia.

2. En argot, un vol profitable.

Demain matin, la comtesse et Jeannot viennent déjeuner avec nous. Nous rentrons du champ d'aviation, où le petit s'est offert avec Legagneux[1] un joli vol très haut sur la mer et sur Nice. On m'a offert d'y monter, mais... j'ai promis. J'ai promis aussi de ne pas songer follement, et cette nuit, après *Xantho* nous sommes entrés à côté chez la Meunière, où je me suis enivrée de... citronnade. Je suis sage ? Il faut que j'écrive à Ollendorff, (Paul a raison c'est 27 à 30) qui me dit que l'individu qui veut reproduire *Claudine à l'École* n'a pas besoin d'y faire des coupures. Les petits sont très gentils avec moi, je les crois un peu jaloux l'un de l'autre, ce qui me crée d'ailleurs une situation charmante de personne qu'on gâte. Lily m'a donné un chapeau de soir très joli, et j'ai gagné un louis au tourniquet. Voilà ! Suis-je assez grue ?

Je me dépêche pour le courrier, mon amour, je t'embrasse très fort de tout mon cœur, je suis

Ta Colette

1. Georges Legagneux (1882-1914) avait commencé sa carrière dans l'aviation comme mécanicien et commença à piloter en 1908, année où il remporta le prix de l'Aéro-Club qui lui permit d'acheter son premier avion, un Blériot.

71

[février 1911]

Ma chérie, vite un mot pour ne pas rater le courrier ! Aujourd'hui, beau temps, balade, aviation (le petit a volé avec Legagneux à 400 mètres au moins, avec une belle courbe soudaine pour rentrer, très chic) et retour à l'hôtel juste à temps pour se nettoyer, et dîner, et aller danser. Legagneux est insupportable, dès qu'il me voit, il fait semblant d'être en retard et s'empresse : « Tout est prêt, ne vous impatientez pas, je vous emmène dans une minute ! » Ils me taquinent tous pour me faire monter, et je t'avoue que c'est bigrement tentant, les gens paient ça, je te dis, comme une petite balade en voiture aux chèvres ! Mais j'ai promis à Missy.

Comme j'emm... tout le monde, en demandant l'heure, le petit m'a acheté chez Lacloche[1] une jolie, jolie petite « montre-sport » sur bracelet de cuir, elle a une forme pratique et chic, et... je ne l'ai pas encore cassée, depuis six heures que je la porte ! Ma chérie Missy, je pars d'ici le 24 au soir, j'arrive le 25 au matin, et le 26 je suis à Rozven. C'est pas trop tôt ! J'écris comme une folle, tant je suis pressée ! Dis à Paul que le journal (j'ai oublié le titre) demandait à reproduire *Claudine à l'école*, mais en supprimant 1 100 lignes. Humbelot[2] dit qu'il n'y a pas de raisons de faire des suppressions, il a raison.

1. Les frères Lacloche, célèbres joailliers, avaient une boutique à Paris, 15 rue de la Paix, et une succursale à Nice, où, pour l'anecdote, Louis-Ferdinand Céline travailla en 1911-1912.

2. Alfred Humbelot, directeur littéraire des éditions Ollendorff.

T'embrasse, t'embrasse, t'embrasse. Wague dit qu'il viendrait du 1 ! au 5 chez nous ? Le 25, nous dînons avec Croisset. T'embrasse. Je sais bien que tu n'aimes pas qu'on t'embrasse longtemps, mais tant pis. Oh ! que je voudrais me faire engueuler !!!

Ta Colette

72

[février-mars 1911]

Ma chérie, j'ai eu ta lettre ce matin, j'étais si contente. Je me soigne, je me soigne ! Et si j'ai toussé hier soir comme une perdue pendant 1 heure, c'est uniquement la faute de Sacha, qui a été terrible, j'ai trop ri et je me suis mise à tousser. Mais ensuite je suis rentrée sagement ici, et en avant le thermogène[1] et le vinaigre, et l'inhalation. Je ne tousse jamais la nuit, tu sais. Aujourd'hui, je ne sors pas, je fais mes malles avec dégoût.

Mon entourage est fort bien ; l'andouille continue. Il passe ses journées à la chasse, on doit pourtant être si bien dans le pieu de Mme Doyen ! Je ne donne pas signe d'existence, alors ce matin à 10 heures, coup de téléphone : on me parle avec volubilité de « Suzanne » et des chiens de « Suzanne », je réponds avec une aménité parfaite. Pauvre petit duc Hormeau de la Lunerie ! C'est bien cousu, avec du gros fil. Quant à Lily, – toujours très gentille d'ailleurs – mon attitude a été si explicite que, découragée rapidement comme toutes ces impulsives, elle a changé du tout au tout et... va reprendre sa petite. Loué soit le Seigneur ! Décidément, mon chéri, je ne suis pas faite pour couver des héritages ni me « créer une situation ». Le vrai est que je n'en rêve pas d'autre que la mienne, alors...

1. L'ouate thermogène est un décongestionnant utilisé en cas de rhume, de toux ou de bronchite.

J'ai écrit à la comtesse. La chatte de Jules[1], désemparée depuis que la maison est vide, va accoucher. Jules aurait bien pu l'emporter, vraiment. Je m'occupe d'elle. Elle est très jolie, d'un caractère charmant, et je ne peux pas supporter l'idée qu'elle sera misérable, avec une portée de petits affamés.

On est venu ce matin m'apporter 1 800 francs. C'est un marchand de chevaux qui a acheté les petites bêtes. La châ, avant de partir, a fait tomber mon épingle à chapeau, le gros saphir étoilé (elle est pour Saphir !) et l'a désenchâssé, on vient de le retrouver après de longues recherches, sous le tapis. Ne laisse traîner dehors aucun saphir étoilé, là-bas ! Que Paul les rentre tous les soirs ! Laisse sortir la châ maintenant, va, il n'y a pas de danger qu'elle s'éloigne. Voilà des lettres pour Paul, qu'il réponde ce qu'il voudra.

Il me semble bien que tu ne recevras jamais les rosiers de St. Quay ! J'ai vu la lettre du jardinier, mais ça ne les fait pas venir plus vite... L'andouille continue, paraît-il, à chanter tes louanges et à jurer qu'il ira à Rozven. Poste-toi sous le tilleul de gauche de l'entrée, et n'en bouge pas, – puisqu'il n'y a pas d'orisses[2] !

Ma chérie, je t'embrasse. Je vais m'éloigner encore de toi... Je t'embrasse de tout mon cœur. Je t'aime. Je serai sage et je me soignerai.

Ta Colette W.

1. Valet de chambre de Missy.
2. Coup de vent violent, en patois.

73

[*Lettre incomplète*]

[Tunis[1], 7 mars 1911]

[...] sont bien gentils, mais la petite est un vrai paquet de nerfs, et le petit assez mou, et il a été malade[2]. Et puis c'est très joli d'être « l'enfant de la nature » comme Lily, mais le naturel et le sans-gêne, dirai-je l'impudeur ?... à ce point-là, ça fait trop ressembler les gens à des animaux, tout de même. Elle est si changée de manières avec moi que je ne la reconnais plus, je le dis avec soulagement, – très camarade, « très garçon », et au fond... un peu vexée. Elle n'a pas, non plus, l'habitude qu'on lui résiste longtemps. Ils me font rire, tous. Quant à mes représentations : je débute demain jeudi. Je joue jeudi, samedi et dimanche, et puis sans doute mardi ou mercredi et encore un jour après, c'est tout ce qu'a dit Michel[3] ; Rosni-Derys et son petit ami étaient à la gare, j'ai trouvé ça très gentil de leur part.

Chérie, je tousse moins, je vais remettre du thermogène un peu ce soir, et me coucher vite. Que la mer était belle ! en approchant de Tunis, elle est devenue tout à coup vert très pâle, beaucoup plus pâle que le ciel, de bleu-noir qu'elle était depuis

1. Colette a embarqué à Marseille le 6 mars à bord du *Carthage*. Elle séjourne une quinzaine de jours en Tunisie, où elle joue *Xantho chez les courtisanes* et *Claudine à Paris*.

2. Colette parle de Lily de Rême et de l'un de ses amis, qui l'accompagnent lors de ce séjour.

3. Michel Mortier, le directeur associé avec Labruyère du théâtre des Capucines à Nice.

Marseille. Mais quelle traversée agitée ! Tout le monde malade, et le bateau entier couvert d'immondices ! C'est surtout ça qui me ferait chavirer le cœur.

Lily me crie de t'embrasser. Tu l'intimides (tant mieux) et tu lui fais « un drôle d'effet » et, ajoute-t-elle, tu lui plais beaucoup. Ma chérie, je t'aime sans remède, il n'y a rien à faire à ça !... Et je t'embrasse – tu es si loin, mon Dieu !

Ta Colette

Embrasse Christiane[1] et amitiés à Paul. – Et la Châ ?

1. Christiane Mendelys, l'épouse de Georges Wague.

74

Tunisia Palace
Tunis

[mi-mars 1911]

Chérie, mon amour,

Nous rentrons de Carthage voiture à chevaux, agréable. Mais !... Mais Carthage !... Mais ce nom de Dieu de pays taché de petites maisons « genre arabe ». J'espère que la ville ancienne va me dédommager demain sans quoi je crie anathème dessus, et ils s'en tireront comme ils pourront ! (Madrazzo[1], qui dîne avec nous, m'interrompt pour que je le rappelle à ton souvenir. Ce que je fais.) Quand auras-tu cette lettre ? quel train autour de moi, j'y renonce. Répétitions de *Xantho* ce soir et début de la toute danseuse demain.

Ma chérie, je t'embrasse de tout mon cœur. Je ne fais que parler de toi.

Ta Colette

1. Frédéric de Madrazzo, peintre mondain et fils du peintre Ramon de Madrazzo, parent de Reynaldo Hahn et grand ami de Marcel Proust.

75

Tunisia Palace
Tunis

[mars 1911]

Jeudi

Ma chérie, je viens de trouver ta dépêche en rentrant de la répétition d'orchestre de *Xantho*. Ma danse marchera, mais pour le reste Seigneur ! Personne ne sait ce que c'est, dans le théâtre, que la musique, et on abandonne le chef d'orchestre à sa fantaisie, lâchée, à travers les trois actes ! J'ai doublement bien fait de rester, car les enfants sont partis en auto découverte pour les environs par un froid aigre, et sont rentrés par une pluie battante. Charmant pays ! Il est vrai que ce matin j'ai été, avec Madrazzo, Rosni-Derys et les petits aux soukhs. C'est délicieux, et je passerai là mes meilleures heures, je crois, d'autant plus que les deux enfants partent en auto demain matin pour Kairouan (180 kilom.) Toussant encore, je ne veux ni ne peux m'éloigner de mon théâtre pour 2 jours, dans ce pays où on ne trouve pas de gares tous les 3 kilomètres ! Je suis fort aise de les voir partir, je flânerai bien mieux avec Rosni et Renée Parny[1] que j'ai retrouvée ici. Lily n'est pas possible en pays musulman, elle y est comme dans un bar de Montmartre, chantant dans la rue et se payant la tête des indigènes, que je trouve beaucoup mieux élevés

1. L'actrice Renée Parny s'était fait connaître en jouant notamment aux côtés de Sarah Bernhardt.

qu'elle. Ne parlait-elle pas d'aller visiter le harem du bey en emmenant Philippe habillé en femme ! Il y avait de quoi faire tuer ce malheureux, le fait n'est pas sans précédent. Elle circule dans ce pays avec une ignorance éclatante, tumultueuse et qui ne fait grâce de rien. « Sont-ils c... de sortir voilés comme ça ! » etc etc. Impossible, impossible, je te dis. J'espère beaucoup qu'ils prennent le bateau de Palerme mercredi... je voudrais en être sûre ! Et je ferais un voyage à Ceylan avec elle, ô Seigneur ! L'andouille était bien mieux, en voyage. D'abord c'est moi qui dirigeais tout, et puis il ne fait presque jamais de bruit.

Ah ! chérie, comme toutes les comparaisons vous servent ! Une ironie providentielle murmure : « Hein ! ça ne vaut pas Missy... » Tu parles.

Des dépêches, ça me rassure, ça me calme, mais une bonne longue lettre, comme ce serait délicieux... Je ne me fais pas très vite au changement de climat, j'ai volontiers des étourdissements, et mal à la tête. Changement d'air ! Pas de fièvre. Ô Missy, j'ai fait des folies de parfum ce matin, je m'en suis collé 50 grammes pour 75 francs, et aïe donc ! Mais tu verras quel jasmin et quel œillet. Hier soir, passé une heure dans un des rares cafés-dansants de Tunis. Cinq grosses mémères en culottes-jupes, à carreaux, à ramages, à zig-zags roses, en caraco de passementerie et de clinquant, ont dansé du ventre. L'une d'elles ressemblait à Lantelme, à écœurer. Un petit café triste, quoique tué de lumière, orné d'affiches d'apéritifs ; et d'une glace à cadre noir couchée comme ça (ici un dessin du cadre) et de trois pendules à colonnes. Je te raconterai tout cela, je vais faire mon sac pour le théâtre et dîner. Je t'aime. Je t'embrasse de tout mon cœur, mon cher amour. Je n'ai fait que parler de toi à Parny !

Dis des choses gentilles à Christiane et à Paul.

Ta Colette

76

Tunisia Palace

[mi-mars 1911]

Ma chérie, je viens de trouver ton télégramme, en revenant de la répétition, – répétition de *Claudine* cette fois. J'espérais, devant le succès de *Xantho*, qu'on ne jouerait pas *Claudine*, mais je n'y couperai pas. Et j'ai trouvé aussi ta chère lettre, au théâtre, je suis si contente. N'espère pas que je veuille te quitter, – la fin de mes déplacements (je pourrais dire errements) sonne. Te quitter, dans le sens où tu l'entends, – ça veut dire mourir, pour moi. Dis à Paul que « je ferai mes devoirs » en écrivant aux types en question. Les petits sont partis pour Kairouan, 160 klm, ils m'ont envoyé tout à l'heure une dépêche, qui dit le voyage délicieux. C'est trop loin, et je suis bien plus prise que je ne pensais par le théâtre, il faut absolument répéter *Claudine*, surtout à cause de ceux qui ne l'ont jamais jouée.

Aujourd'hui, journée tunisienne enfin ! Un ciel très bleu en haut, et vert pâle à l'horizon, d'une transparence qui m'enchante. Ce matin, j'ai traîné dans les soukhs avec Michel, le directeur associé de Labruyère, Rosni-Derys et son Marty. Que de choses à voir et à tripoter ! C'est là qu'il fait le meilleur, décidément. Et, bien que ce soient, tous, des crapules de marchands, leur politesse veloutée charme. J'ai acheté un peu de broderie de Boukhara, c'est Michel qui a opéré pour moi dans les proportions de 80 F = 35 F et 40 = 15 F. J'ai déjeuné avec Renée Parny, restée très pareille à elle-même en dépit de la graisse : insociable, impossible à vivre, pas bête... et pauvre comme Job. Elle me repose de Lily, qui rentre demain soir, hélas ! Je reconnais que cet hélas est parfaitement injuste, mais qu'est-ce que tu veux, je ne peux pas ! C'est plus fort que moi. Voyager avec un paquet de nerfs argentino-montmartrois, qui s'écrie devant une banlieue pelée et crayeuse de Tunis : « Dieu ! que j'aime ce pays ! il vous a un genre ! » et qui, devant un lever de lune, chante « Bonsoir, Madame la Lune, bonsoir ! » [1]... je ne peux pas. Je voudrais te ravoir, toi qui es ce que j'ai de meilleur au monde. Je t'embrasse de tout mon cœur.

Ta Colette

1. L'anecdote est transposée dans *L'Entrave*, *Œuvres*, t. II, p. 337.

77

[Tunis, 21 mars 1911]

Ma chérie aimée, voilà ton insupportable aux Sources de Zaghouan. Ta dépêche m'ennuie et m'étonne, je n'ai pas manqué une fois de télégraphier, et j'ai omis d'écrire seulement deux jours, je n'avais rien à dire d'intéressant et surtout on était rentrés très tard. Mais les courriers m'ont l'air de « faire fantasia » tant qu'ils peuvent, dans ce pays, Lily s'en plaint beaucoup. Elle est bien gentille mais je serais fourbue en huit jours de plus de vivre à côté d'elle, de l'entendre vivre si haut et proférer tant de paroles et de cris inutiles ! Je suis à bout. Je fais bonne figure, parce qu'en somme c'est injuste de ma part et elle est gentille avec moi. Mais c'est tout ce que je peux. Tu as pu constater que je ne me répandais pas en gentillesses pour l'andouille, ces jours-ci, dans les dépêches, mais j'ai parfaitement raison, je te parlerai de tout ça.

Cette nuit un bel orage, que tu aurais aimé, chérie, des éclairs bleus et roses, et une nuit étouffante. Aujourd'hui pluie battante. Fait la connaissance de Bernstein l'avocat, venu ici avec une petite tante ridicule longue comme une asperge. Et cet homme de loi m'a demandé quoi ?... de lui tirer les cartes. Parfaitement.

Rien d'autre ! J'ai acheté du jasmin pour Lysès. Je ne rapporterai même pas de vases de cuivre pour Rozven, ils sont beaucoup plus chers qu'à Paris et pas plus jolis. En somme il n'y a *rien* à rapporter, d'ici, tu me l'avais bien dit. Il faut aller dîner. Hier un succès fou pour *Claudine*, – je la joue encore demain. J'aimerais mieux *Xantho*... Je t'embrasse. Je serai sage. Je suis triste parce qu'ici tu n'es pas là et Lily le voit bien. Je t'embrasse.

Colette

78

[mars 1911]

Raconte la Châ !

Ma chérie, je rentre de faire des courses. J'ai déjeuné avec Lily, Philippe et un Argentin. Hériot me fuit avec rage, je crois qu'il me détériorerait s'il n'avait pas peur de toi. Je ne demande même pas de ses nouvelles. Hier soir j'ai dîné avec les Sacha, très gentils, et puis je suis allée à la « fumerie[1] d'adieu » où il y avait la Sabini que j'ai très bien reconnue sous les traits d'Yvonne Vernon[2]. Elle fumait beaucoup et parlait peu, mais avec un manque de naturel exquis. Elle a de beaux cheveux fauves et une assez jolie figure de menteuse, elle m'est parfaitement antipathique et je crois que je le lui rends bien. Il y avait Philippe Legrand endormi dans l'innocence et qui ne s'est pas réveillé, et puis un officier blond qui s'appelle Vialys, très gentil. Et puis un autre, appelé Guérin, et puis Paul Leclerc[3] et c'est tout. Lily crève de fatigue et de pertes de sang, ne fumant pas. Quant à moi, je m'embêtais et surtout l'air était trop sec et me faisait tousser, je suis restée 3/4 d'heure en tout et à 11 h 1/2 j'étais dans ma/ta chambre. J'ai dormi de 1 h à 9 h moins 10 sans remuer ! Je suis sage, dis ?

1. Fumerie d'opium.

2. La comtesse Sabini (1883-1918), grande voyageuse, a écrit sous le nom d'Yvonne Vernon d'admirables souvenirs de ses voyages en Orient (*Chine - Japon - Stamboul*, Paris, s.d.).

3. Il s'agit peut-être de Paul Leclercq (1872-1956), l'un des fondateurs de la *Revue Blanche*, proche de Van Gogh et de Jean de Tinan.

Il paraît qu'à 3 h 1/2 du matin Jean Guitry est venu avec la Routchnie. C'est follement intéressant, ces petites fêtes. Comment résisté-je à y prendre part ?

Ma chérie, je vais tout à l'heure chez les Sacha, et j'y dînerai sans doute. En ce moment, tu es sous la douce lumière de la mer et tu travailles... L'idiote que je suis, de n'être pas avec toi ! Je t'embrasse de tout mon cœur, ma chérie, et je t'aime aussi de tout mon cœur.

Ta Colette

79

[Paris, fin mars 1911]

Ma chérie, il est six heures, je vais tout à l'heure dîner chez les Sacha. J'ai été très sage (pas après ton départ, où j'ai eu beaucoup de chagrin). Je suis sortie à 3 h 1/2 avec Lily, mais je l'ai lâchée tout de suite pour marcher un peu à pied au soleil et je suis rentrée ici à 5 heures. Hamel est venu. Je n'irai pas à mon dîner, je ne me trouve pas assez jolie. Lily est dans un état pitoyable elle perd du sang tant qu'elle peut, elle souffre beaucoup, et elle ne tient pas en repos. Si elle n'en claque pas un jour, elle aura de la veine. Rien de l'andouille, sauf un coup de téléphone. Lily me dit qu'il n'ouvre pas la bouche de moi, mais qu'il ne tarit pas d'éloges enthousiastes de Missy. Peut-être médite-t-il ta conversion ?

Cayrol est venu, il m'a trouvée digne de sortir. Je ne prends pas de quinine, je continue la terpine[1] et les inhalations. En sortant de chez les Sacha, j'irai un peu à l'atelier de Lily à 9 h 1/2, mais je serai chez moi de bonne heure. Ô chérie, que je suis contente de t'avoir eue un peu ici ! et que je suis malheureuse de t'avoir reperdue ! Tu ne trouveras jamais, parmi les femmes intelligentes, une qui soit plus bête que moi. Peut-être que, si je te quitte par foucades, c'est pour expérimenter que rien ne te vaut ?.. Je t'enverrai une dépêche demain. Dis à Paul et au Cropet[2] beaucoup

1. Médicament contre la toux indiqué dans le traitement des bronchites.

2. Surnom de Christiane Mendelys.

de choses gentilles. Toi, je t'aime, – heureusement pour moi, Seigneur ! j'ai cette chance-là. Je t'aime si fort, chérie. Je t'embrasse.

Ta Colette

80

[Avril 1911]

Ma chérie, je t'écris ce matin, sans avoir grand' chose à te dire, puisque c'est hier soir que je t'ai écrit. Je reste dans mon lit en attendant Cayrol. Je m'en f... pas mal de ma fatigue pour aller te voir. Va, ne me tiens pas trop rigueur, quand ta vagabonde aura fini de dépenser le « vertige » de son *âge dangereux*, comme dit la dame danoise[1], tu verras si elle reste dans ta maison, – car c'est la tienne, chérie, tout y porte, Dieu merci, ton empreinte et la marque de tes soins. Je reçois ce matin un mot très aimable de Deflin ! qui me demande la *Vagabonde*. Faut-il la lui envoyer ? Je ferai probablement tes courses mardi matin. Hier soir Liette est aussi venue me voir, toujours désemparée et désolée des adieux à *Comœdia*[2]. J'irai chez Philippe avec elle, la semaine prochaine. Si tu savais comme Tarride[3] est paresseux pour répéter[4] ! ça exaspère Lysès. Il est toujours ainsi,

1. L'écrivain danois Karin Michaelis (1872-1950), dont l'ouvrage *L'Âge dangereux* a été publié en France en 1911. Il s'agirait d'après Claude Chauvière d'une des sources de *Chéri*, dont le projet initial remonte à cette période.

2. Le 24 avril 1911, *Comœdia* avait publié la dernière « Lettre de l'Ouvreuse » qui avait fait les beaux jours du journal et de Willy.

3. Abel Tarride (1865-1951), à l'origine acteur de théâtre, était devenu en 1909 le directeur du théâtre de la Renaissance à Paris.

4. Il sera plusieurs fois question dans les lettres suivantes d'une pièce qui serait présentée le 4 mai. À la même époque, Colette annonce au caricaturiste André Rouveyre qu'elle va débuter à la Renaissance (*Lettres à ses pairs*, Flammarion, 1973, p. 155). Il n'existe aucune trace de ce spectacle impliquant Guitry, Tarride et Colette.

paraît-il. Tu sais que « le Patron » Bertel, l'ami de Léa, a de gros ennuis d'architectes, naturellement ! Et je constate que chez Lysès, on revoit Nono très souvent et qu'on est plus gentil avec elle, on a fait la connaissance de l'argentin qui l'entretient et on le trouve charmant. Il n'y a pas à dire, Lysès pelote, inconsciemment, les gens riches ou influents ou notoires. Les Sachas sont mal avec Mortier[1], maintenant. Je voudrais voir la source... tu crois qu'elle va sucer celle de Laurent ?

Oh ! Missy je viens de renverser tout mon stylo sur le drap, c'est du joli. C'est la faute de Pierre Wolff[2] qui me téléphone. Et puis une dépêche d'Olympe Hériot[3] qui me demande si je peux venir dîner. Enfin tout. Si tu entendais les gens de lettres me parler de la *Vagabonde*, je crois que tu serais contente, – certainement plus que moi, mon chéri. Je vais aller dès que je pourrai voir Pawlowski, il me tuyautera sur la retraite de Willy[4]. Mon chéri, je suis en train de regretter amèrement l'endroit où tu es, – parce que tu y es, je revois la lumière de là-bas, et j'entends les bruits du matin et ta voix... Je crois d'ailleurs que c'est parce que je passe mon temps à faire des choses que je regrette, – que je les sens si vivement et que je les écris d'une manière un peu personnelle. Les gens parfaitement contents,

1. Probablement Michel Mortier.

2. Dramaturge français, co-auteur avec Georges Courteline de *La Cruche ou J'en ai plein le dos de Margot* que Colette a joué lors de la tournée Baret d'avril-mai 1910.

3. Le frère cadet d'Auguste Hériot.

4. Willy s'était réfugié à Bruxelles pour fuir ses créanciers.

parfaitement équilibrés ne font pas de bonne littérature, hélas. Je t'aime. Je t'embrasse. Ne te lasse pas de moi, ma chérie. J'embrasse Ruby et je serre la patte à Paul.

Ta Colette

81

[*Lettre incomplète*]

[Paris, avril 1911]

[...] personne fort jalouse. Mais je lui ai téléphoné ce soir, j'ai appris par le petit qu'elle avait 40 de fièvre, très mal à la gorge, une bronchite et des petits râles, dans un poumon, ce qui est la vérité. La pauvre petite toquée, elle finira par attraper la crève. Elle n'a pas pu aller chasser chez Olympe Hériot, le petit y est avec *Jean Guitry* aujourd'hui, ils reviendront dimanche. S'il fait très beau, dimanche, je pourrai y aller déjeuner, Marie-Louise le demande depuis longtemps, et, c'est plus court, hélas, que d'aller à Rozven... c'est 2 h de chemin de fer. Ils me ramèneront à Paris à 5 heures.

Mais, tu sais, chérie, je fais déjà des pieds et des mains pour avoir deux jours à la fin de la semaine prochaine ! Ça me fera quelques heures avec toi, je ne peux pas rester si longtemps sans te voir !

Mardi, je dîne à Montmartre chez la mère Adèle[1] avec Hamel et Labrouche[2], le peintre graveur. Louis de Robert[3] m'envoie un mot très court, très humble,

1. Restaurant ouvert en 1902 rue Norvins, aujourd'hui le Vieux Châlet.

2. Le peintre et graveur Pierre Labrouche (1876-1956), connu pour ses paysages et qui sera un temps l'amant de Musidora.

3. L'écrivain Louis de Robert (1871-1937), après avoir écrit son admiration à l'auteur de *La Vagabonde*, lui avait déclaré sa flamme. La première lettre de Colette à Louis de Robert date de la fin août 1910. Au mois d'octobre, il reçoit une quatrième lettre de Colette mais il ne l'a pas rencontrée.

où il se résigne à tout pourvu que je ne le chasse pas. Naturellement. J'irai le voir, si tu permets seulement. Mon chéri, je vais me coucher, je tombe de sommeil et de lassitude. Je t'embrasse de tout mon cœur qui t'appartient. Tu ne m'en veux plus ? tu m'aimes un peu ? Richter dit que tes pinsons te suivent comme des petites bêtes ensorcelées.

Ta Colette

Amitiés à Ruby, à Paul et à toutes mes bêtes qui ne me reconnaîtront plus...

82

[Paris, avril 1911]

Ma chérie, je crois que je vais les avoir mes deux jours ! Écoute : (touchons du bois !) envoie-moi vite, par télégramme, le meilleur chemin en automobile, je pense que le petit pourra me conduire, et j'aurai plus de temps à rester là-bas qu'avec le chemin de fer. Je reviens de répéter, je suis fatiguée. Les cigares ont été commandés par moi *le jour même !* Et j'ai donné les adresses manuscrites que tu m'avais faites. Les courses, je vais les faire, va. Je suis très bien portante, (*localement* aussi) je n'ai plus de petites misères, d'ailleurs je me soigne bien. Je t'écrirai ce soir si le dîner avec Hamel et Labrouche ne se prolonge pas jusqu'à l'aurore ! Je suis déjà dans une joie de partir !! mais ce n'est pas encore sûr, sûr, sûr. Je m'en fous, j'y arriverai bien. Je t'aime. Si le petit vient avec moi, j'arrangerai avec Hamel quelque chose pour qu'il y ait de la place pour lui. Hamel s'accommoderait assez d'un petit retard, je pense. Je t'écris bousculée, Sacha téléphone, je me sauve. Je t'embrasse, brassi, brassi ! Et les petits chiens, Seigneur ! j'exulte de voir tout ça. Ma chérie, je t'embrasse.

Colette

83

[Paris, avril 1911]

Ma chère Missy, j'arrive de la campagne, de Pont-de-l'Arche[1]. Je suis arrivée Dieu merci après la chasse, ce n'est pas à ça que je tiens ! J'ai seulement dîné et déjeuné, et nous sommes tous rentrés en auto, en trois autos. J'ai fait la moitié du chemin en voiture fermée, et le reste dans celle de Jean Guitry, c'est-à-dire celle que la maison Daimler lui octroie, il place pour la maison. C'est d'ailleurs une merveille de souplesse et de silence ; pouvoir faire des tournants aussi vite et sans le moindre déplacement, c'est épatant.

Le cottage des Olympe (ce nom me rend malade !) est construit uniquement pour la chasse, c'est-à-dire que les écuries et les chenils sont beaucoup plus importants que la maison d'habitation, charmante, d'ailleurs. Dix ou douze chevaux, 124 chiens, c'est amusant à voir et très bien tenu. Pas de parc, pas de jardins, des barrières blanches pour les chevaux au vert et la forêt qui commence à 200 mètres.

Ma chérie, Sacha a commencé à chambarder, ingénieusement d'ailleurs, la mise en scène du 2e acte, le mien. Il y aura deux chambres sur la scène, et cela donne lieu à des mouvements qui rendent l'acte plus gai. Figure-toi que Tarride voulait me donner le motif lumineux ! « Vous êtes fou ! » lui dit Sacha « et Marie Magnier ?.. » Peut-être qu'il le mettra pour toutes les deux. Pierre Wolff, que j'ai vu hier avant

1. Commune de l'Eure où les Olympe Hériot possédaient un château.

mon départ, veut en effet tirer avec moi, une pièce de *La Vagabonde*. Elle est reçue d'avance, dit-il chez Porel[1] ; mais il destine le rôle de *la Vagabonde* à... Marsa, tu sais, cette fille que nous avons connue chez Fersen et qui venait chez Palmyre[2], qui se fait les yeux en se salissant la figure jusqu'au milieu des joues, et qui a une voix éraillée de vieille roulure de bar ? Pierre Wolff est fou d'elle, et c'est chez elle qu'il m'avait demandé rendez-vous ; j'ai donc été aussi étonnée, aussi confuse, aussi indécise que je l'ai pu, que voulais-tu que je dise devant Marsa ? Elle serait jolie dans le rôle, oui !

Ma chérie, je pense aux deux jours que je vais voler, de haute lutte, à la fin de cette semaine... Garde-moi mon lit, et ma chambre, dis ? ne les laisse pas envahir par les barbares ! Je fais envoyer les *Humoristes*[3], bien que Paul les demande sur un ton de politesse sardonique qui lui vaudra bien des larmes ! Pauvre Barelli, comme elle sera contente ! Sa situation est navrante, tu sais, et c'est moi qui trinque. Le petit Hériot va me donner quelque chose pour elle. Ma chérie, je t'embrasse comme je t'aime, – fidèlement et mieux que tout le monde. Fais mes amitiés à Ruby et à Paul.

Ta Colette

1. Paul Porel, le mari de l'actrice Réjane, était alors directeur du théâtre du Vaudeville, boulevard des Capucines.

2. Le restaurant « Chez Palmyre », place Blanche à Paris, était pendant l'entre-deux-guerres un haut lieu de la vie lesbienne.

3. Il s'agit probablement des *Humoristes*, hebdomadaire illustré qui paraissait le samedi. Dans son n° 2 du 9 avril 1911, Max et Alex Fisher avaient publié un « Petit conte » qui était une véritable charge contre Missy et le comédien Édouard de Max.

84

[Paris, avril 1911]

Mon amour chéri, ta lettre de ce matin me navre, j'y lis, entre les lignes, toute ta bonté et toute ta tristesse[1]. Je t'en supplie, ne sois pas trop triste ! Les Sacha vont t'écrire, et je *veux* croire que tu viendras au commencement de mai, puisqu'on doit passer le 4, tu veux bien ? Si Tarride, qui est très gentil, voulait me donner 48 heures quand la pièce sera vue, j'irai vite près de toi un peu, mon amour, et j'espère qu'il voudra bien… Mon amour, je suis désolée si tu as de la peine. Laisse-moi faire cette dernière folie, qui en est une presque raisonnable, – je suis tortillée dans tous les sens, – je ne peux pas voir un arbre en fleurs sans avoir envie de pleurer. Ma chère chérie ! Et la Châ qui a volé un nid. Enfin tout. Il fait si beau, hélas ! Tout, – à part toi et moi et mes folies – va bien. Tout le monde est très gentil pour moi. Il n'y a que L. de Robert qui est terrible. Il m'écrit qu'il se fiche de mes répétitions et qu'il *veut* que j'aille le voir. J'ai vu Gérault-Richard ce matin, il a été très gentil. Chérie, écris-moi. Tu sais bien que ma « limite d'âge » approche, et que je serai sage, après. Ne m'abandonne pas, toi qui es la meilleure. Tu es là

1. Les relations entre Colette et Missy se sont obscurcies depuis qu'un personnage nouveau a fait son entrée dans la vie de Colette. Missy ignore encore son identité, mais il s'agit d'Henry de Jouvenel (1876-1935), l'un des deux rédacteurs en chef du *Matin*, promis à un brillant avenir politique. Colette l'a probablement rencontré dans les locaux du journal, auquel elle collabore depuis le mois de décembre 1910.

pour me juger, – mais pour me pardonner aussi après, si tu m'aimes. Et moi qui te quitte, je te préfère pourtant à tout.

Je t'embrasse, pas bien hardiment, mais de tout mon cœur.

Ta Colette

85

[Paris, avril 1911]

Ma Missy chérie, j'ai reçu ta lettre. Si tu savais le chagrin qu'elle me fait, je crois que tu ne l'aurais pas écrite. Peut-être que Tarride va me donner quarante-huit heures de congé, et de cette façon je pourrai venir samedi à Rozven. Je vis avec cet espoir-là. Je t'enverrai un télégramme. Je suis triste de ce que tu m'écris, ma chérie t'embrasse

Ta Colette

86

[*Lettre incomplète*]

[Paris, avril 1911]

Ma chérie aimée, je suis contente de savoir que Ruby vient, pour troubler au moins le silence, et agiter l'air, et rompre le fil de tes pensées qui ne sont pas toutes roses... Tu es si gentille mon chéri, tu ne m'écris pas durement, tu oublies d'être juste pour moi – si je pouvais t'aimer davantage, je t'aimerai davantage, mais je t'ai donné tout mon cœur en une fois. Aujourd'hui je n'ai pas eu répétition, vacances ! Mais... j'ai été à Sannois voir Louis de Robert. C'est d'ailleurs, ironie du sort, le petit Hériot qui m'y a conduite, et attendue docilement en auto. Ô ma Missy, quelle visite ! J'en suis sortie horrifiée, révoltée, apitoyée aussi, et un peu bouleversée, mais... complètement intransigeante. Ma Missy, cet homme a les mains moites, l'haleine malade, des boutons de fièvre à la bouche, et qui me veut absolument, qui essayait de me barrer le passage, qui sanglotait désespérément et ridiculement, hélas ! Tu sais, tu sais quelle chose terrible est le dégoût physique, tu sais qu'on ne transige pas avec lui, je contenais ma fureur et quand il m'a supplié de m'embrasser j'ai failli le brutaliser. Il veut que je lui écrive *oui* ou *non* et tu sais qu'il s'agit parfaitement *de me donner*, rien que ça, et en même temps il ne veut pas admettre que ce sera non, il dit qu'il en mourra. Que veux-tu que j'y fasse ? Rien du tout, il n'y a pas à discuter. On ne se donne pas par pitié. On se donne par amour, d'abord. On peut se donner aussi par appétit, gaîment, comme on satisfait une faim ou une soif, et cela n'est pas bien grave, mais se donner par pitié, et à un homme, tu sais bien qu'on ne peut pas, quand le dégoût est la cause du refus. Ah ! que tout ça...

87

[Paris, avril 1911 [1]]

Ma chérie bien-aimée, j'ai reçu ta lettre, je suis contente. Je t'écris ce matin parce que la répétition me bloque l'après-midi. N'as-tu pas reçu la lettre où je te parle de la pièce ? J'espère que si. Hier matinée et soirée, c'est toujours bien barbant. J'ai dîné avec le petit et Mme Magnus, chez Larue [2] en haut, Mme Magnus est une dame (juive) qui désirait beaucoup me connaître, les Magnus sont des amis de Renée Parny et de sa famille. Elle est juive, silencieuse, extasiée et sans intérêt. Après ils sont venus voir *La Chair*, et on a fait grande réunion de fous, avec Wague et Vermeil en plus, dans ma loge. Wague était déchaîné et très drôle. T'ai-je raconté la visite de Jeannot et Cœur ? oui, je pense. (« Oh cette Colette ! elle oublie tout. ») Ce soir je dîne chez les Sacha, naturellement. Je vais aussi dîner chez Léa Hortéa [3], qui m'a envoyé un mot tantôt. Et puis chez La Gandara [4] et Rouveyre.

Ton petit C. de fils [5] n'a pas à se plaindre, va. Il a

1. Colette joue *La Chair* du 14 au 27 avril 1911 à la Gaîté-Montparnasse.

2. Il s'agit du célèbre restaurant Larue, situé 3 place de la Madeleine et que fréquentait notamment Marcel Proust.

3. Il existe une Léa Hortéa à qui est dédié « Le marchand d'éventails » de Raoul Ponchon paru le 20 janvier 1889 dans *Le Courrier français*.

4. Sans doute le peintre Antonio de La Gandara (1861-1917), ami d'André Rouveyre (1879-1962), écrivain, journaliste et caricaturiste.

5. Auguste Hériot.

les bénéfices de sa gentillesse actuelle et je ne suis pas méchante. Il est doué de presque toutes les perfections en ce moment, il ne lui manque... que la parole, et ce n'est fichtre pas moi qui m'en plaindrai.

On dirait qu'il va pleurer, chéri. J'espère qu'il pleut là-bas, il ne faut pas que les jeunes arbres aient trop soif, ils mourraient et ce serait affreux, j'aime mieux perdre un parent un peu éloigné ! Ne me gronde pas de ne pas répondre à ce que Paul me demande, je tâcherai d'écrire à la fin de la journée, ça c'est un bavardage tendre, pour ne pas dire grand' chose et causer avec toi et te dire ce que je fais. Hier en rentrant de la matinée, une jeune fille m'a parlé timidement et avec ardeur, comme je répondais assez froidement, elle s'est mise à sangloter en disant « vous n'avez pas de cœur, vous n'avez pas de cœur ! » Comme je crains les attroupements, je lui ai promis la *Vagabonde*. Wague appréciait vivement cette petite scène, le chameau, et moi j'étais embêtée. Une petite Corse de 18 ans, qui se meurt d'ennui dans sa famille, naturellement.

Je m'en vais, mon amour chéri, et je t'embrasse de tout mon cœur, tu ne penses pas à moi avec trop de... justice, ma chérie ? Embrasse Ruby et amitiés à Paul.

88

[Paris, avril 1911]

Chérie bien-aimée, j'ai ton télégramme, et *j'entends* le ton qu'il faut y entendre, hélas. Tu ne m'en veux pas trop, chérie ? Tu viendras, dis ? tu ne me désaimes pas, dis ? Je rentre de ma répétition, et je suis fatiguée, l'attente est plus fatigante que la répétition, et on patauge en ce moment-ci. Heureusement Sacha et Lysès sont très gentils pour moi toujours. À part cela rien de nouveau, j'attends Hamel pour dîner avec lui, et j'ai déjeuné rue d'Anjou. Si tu pouvais amener le pinson ! Je meurs de sommeil, je vais dormir un peu avant le dîner. Hériot n'a presque rien, de son accident. Une paupière noire et écorchée le nez un peu talé c'est tout. Je n'avais pas bien compris hier dans le téléphone, c'est simplement une lanterne qui s'est détachée pendant que la voiture allait vite, et le petit l'a reçue à travers la g....

Succès énorme à la G.M. [1] Ils crient vive Colette et me jettent des roses. Ça t'est égal, mon chéri, mais je te le dis tout de même. Oh ! que j'ai sommeil. Mon chéri, j'ai si peur que tu ne m'aimes plus... Embrasse-moi. Dis bien des choses à Paul et aux bêtes.

Ta Colette

1. La Gaîté-Montparnasse.

89

[Paris, juin 1911]

Ma chérie, je viens de recevoir ta dépêche. Si c'est vraiment toi qui l'as écrite, si ce n'est pas une rédaction « rassurante » de Paul, – je te remercie de tout mon cœur. Mais je continue à ne pas vouloir que tu me trompes. Un obscur instinct proteste, en moi, contre ce que tu vas faire. Je me dis que tu n'as pas le droit de faire, par froides représailles, par principe, ce que j'ai fait, moi, par folie, par emballement, par... gourmandise. Penses-en ce que tu voudras.

Hériot n'est pas *réquisitionné* pour le Maroc [1], mais il accompagnera, volontairement, le Général Bailloud, comme il l'a déjà fait. Il trouve qu'il doit l'accompagner de nouveau et en somme il a raison. Si le G[al] lui envoie un mot, il part tout de suite. Je n'ai pas encore vu les Sacha, qui déjeunent et dînent dehors, je les verrai sans doute ce soir, je leur téléphonerai avant d'y aller.

Ma chérie, ne me trompe pas. Je t'en prie. J'ai eu la fièvre beaucoup cette nuit, et des arrêts au cœur, il faut bien payer ce que j'ai enduré ces jours derniers... C'est ma faute, c'est ma faute, mais pardonne moi et ne me trompe pas !

Je t'embrasse de tout mon cœur, ma chérie, comme je t'aime.

Colette

1. Le Maroc était l'enjeu de la lutte coloniale opposant la France à l'Allemagne, qui venait d'atteindre son point culminant lors de la crise d'Agadir en mai 1911.

90

Missy à Colette

Lettre écrite le 20 juin 1911 [1]

Voici ce que je te propose – tu n'es plus mon enfant ; tu seras ma fille, une fille avec qui on est brouillé et qu'on méprise et avec qui on vit, cela se voit souvent, et on peut tout de même accepter d'elle la vie matérielle Mais, s'il te plaît : plus d'enfantillages, ni de chichis, plus de « je ne veux pas », « je veux », « moi, moi, moi »... Je ne suis plus d'humeur à le supporter, tu m'as abreuvée d'insultes l'autre jour, tu as douté de moi, et tu as bien déclaré, à moi seule, et devant témoins : que tu pouvais faire *tout* ce que tu voulais, et que tu avais l'intention de continuer avec Auguste. Donc tout va bien, tu pourras continuer tant que tu voudras, et l'inviter là-bas. Je pense que tu n'as rien à objecter, d'autant plus qu'il sera plus intelligent pour toi de conserver une situation stable et assise, et éviter ainsi que le public fourre son nez dans ce qui ne le regarde pas.

Ta mère M

1. De la main de Missy. Il s'agit là apparemment du brouillon d'une lettre.

91

[fin juin 1911 [1]]

Ma chérie, j'ai reçu ce matin ta lettre, – si je puis l'appeler une lettre ! Es-tu là-bas [2] ? es-tu à Paris ? Je viens de répéter avec Wague et Desaize, par une chaleur écrasante. Que te dire ? après ton mot de ce matin, il me semble que tout ce que j'écrirai sera mal accueilli. Je t'embrasse, et de tout mon cœur. Mais je ne suis pas « ta chère Colette » parce que cette appellation-là ne me va pas, ni à toi non plus.

Ta Colette

1. Du 23 juin au 2 juillet 1911, Colette est en Suisse pour une série de représentations de *La Chair*.

2. À Rozven.

92

[Paris, juillet 1911]

Ma chérie, je persiste à t'écrire, malgré ton silence [1]. Je suis gardée officiellement et policièrement, ni plus ni moins qu'un monarque en déplacement [2]. Ce n'est pas agréable, mais c'est rassurant. La Panthère répand des choses odieuses sur son ex-amant et arpente fiévreusement les rues, à pied. Mais elle est étroitement surveillée et au premier geste violent, on... l'emmène.

À présent que je suis plus au courant, je conçois mieux l'inimitié générale dont elle est l'objet, Sauerwein me parle d'elle, et Jouvenel aussi. Elle comptait – dans quel but ? – abrutir son amant par tous les moyens, et lui administrait elle-même, à des doses extravagantes, les stupéfiants et... les femmes. L'opium avait aussi beaucoup de succès. Je ne sais pas si tu t'intéresses beaucoup à ce que je t'écris... tant pis, je cède au besoin de te le dire.

Il fait une terrible chaleur, mais je ne puis ni ne dois bouger. Le rez-de-chaussée m'apparaît une oasis de fraîcheur, – il faut bien qu'il ait quelque chose pour lui !

Maman m'écrit ceci : « Je n'ai pas osé te dire

1. Missy a été informée par Auguste Hériot et Isabelle de Comminges de la liaison de Colette avec Henry de Jouvenel.

2. Isabelle de Comminges, « la Panthère », maîtresse d'Henry de Jouvenel, avait menacé de tuer Colette. Celle-ci dut se réfugier à Rozven, puis fut placée en résidence surveillée à Paris sous la garde de Jules Sauerwein et de Jean Sapène, deux directeurs du *Matin*.

combien de télégrammes j'ai reçus d'Hériot, le dernier date de cinq jours. »

Adieu, Missy toujours chère. *Rien* ne pourra faire que tu ne me sois chère. Je t'embrasse tendrement.

Colette

93

Rozven
Par Saint-Coulomb
Ille-et-Vilaine

[juillet 1911]

Ma chérie, je suis sous la garde des trois « influences » du *Matin*, Jouvenel, Sauerwein et Sapène. Ils se relayent et m'entourent fort bien. Mais Jouvenel est de service, Sauerwein reprend le sien jeudi. Sapène est très pris, puis-je te demander de m'envoyer Paul, pour deux jours environ, je reviendrais avec lui à Rozven ? j'espère que tu voudras bien. Après avoir annoncé son départ pour la Bretagne, la Panthère se terre, est-ce par tactique ? dans le doute, mes amis estiment qu'il faut ne pas me laisser seule. Paul t'aura sans doute dit dans quelles conditions *restreintes* Jouvenel a accepté ton hospitalité. T'a-t-il dit aussi que dans la nuit du 10 au 11 Hériot était chez la Panthère ?

Je t'embrasse, ma chérie, avec une très profonde et très triste tendresse.

Colette

94

Rozven
Par Saint-Coulomb
Ille-et-Vilaine

[juillet 1911]

Ma chérie, je pars avec Sauerwein en auto, j'espère être demain soir à Paris, où il me semble utile et prudent d'être, pour peu de jours, d'ailleurs. Ne crois pas que je mens si je te dis que j'aurais bien voulu te voir avant de partir. Paul te dira combien mes deux « gardiens » se sont montrés dévoués, et je souhaite qu'il comprenne de Jouvenel comme celui-ci le mérite. Je t'embrasse de tout mon cœur et je te dis à bientôt.

Colette W

Sauerwein me charge de te présenter ses respectueux hommages.

95

[fin juillet 1911]

Ma chérie, je suis revenue hier de Châtillon, par une chaleur qui n'a plus rien d'humain. Je viens de te faire télégraphier, et je serais contente (naturellement si cela ne te gêne pas) d'avoir l'auto à la gare. Je te remercie d'avance.

J'ai eu par, Sauerwein, les meilleures nouvelles d'Hériot et de Mme de Comminges[1]. Ils ont étonné le public des régates au Havre, se sont notoirement saoulés plusieurs soirs, ont voulu rentrer au yacht sans passerelle, ont failli, gris, se f... à l'eau, enfin tout va bien. Paul m'a dit qu'Hériot te donnait Hector, j'espère que ce cadeau, important par le poids, ne te gênera pas trop. Heureusement que sa générosité s'est arrêtée là – imagines-tu qu'il se soit mis en tête de me reprendre Pippo et de te le donner ? tu aurais trouvé ça moins drôle.

J'ai laissé Maman en *assez* bon état, mais Achille et Jeanne[2] ne m'ont pas caché que cette artère de la cuisse peut lui jouer un sale tour. Elle a aussi de l'essoufflement qui maintenant ne se guérira plus. J'ai promis là-bas un rejeton du couple shâh bleu (Gallina

1. Colette écrit dans une lettre à Léon Hamel datée du 31 juillet 1911 : « M. Hériot et Mme la Panthère viennent de s'embarquer sur le yatch *Esmerald*, pour une croisière de six semaines au moins » (*Lettres de la Vagabonde*, *op. cit.*, p. 55-58). À ce sujet, Hériot écrira à son retour à Missy : « Je suis heureux qu'en enlevant la Panthère j'aie pu faire son bonheur en même temps que le mien. »

2. Jeanne Robineau-Duclos (1877-1964), née de La Fare, épouse d'Achille, le frère aîné de Colette.

m'a vendu un mâle magnifique !), mais c'est beaucoup m'engager, l'union peut être improductive.

Tu vois, je t'écris comme si tu me répondais, moi qui n'ai pas eu une ligne de toi depuis... si longtemps. Cela prouve mon manque de dignité, mais non pas un manque de tendresse. J'ai eu des nouvelles de toi, des nouvelles trouvillaises, par Cornélia, que j'ai rencontrée hier Chaussée d'Antin.

Je ne resterai pas longtemps à Rozven, cette fois-ci, j'y reviendrai plus tard. Dans quelques jours, j'accompagnerai Jouvenel chez lui, à Castel-Novel, dans la Corrèze. Sa quinzaine de travail au *Matin*, qui prend fin le 1er, est très dure, il donne entre 11 h du matin et 4 h du matin, treize et quelquefois 14 h de présence au journal. C'est te dire que nous ne passons pas précisément notre vie ensemble, sans parler de mon séjour à Châtillon.

À bientôt, ma toujours chérie. Je songe tristement à l'expression hostile de ta figure, lors de ma dernière arrivée, je prévois, pour lundi matin, le même accueil. Et je t'embrasse avec chagrin et tendresse.

Colette W.

96

Missy à Georges Wague

Rozven
Par St-Coulomb
Ille-et-Vilaine

2 août 1911

Mon vieux Wague,

Tu vas voir après demain la petite (!) Germaine ; elle est pleine de bonne volonté, et je l'ai prévenue qu'il fallait prendre gentiment tes bousculades ; elle l'a promis. Ne pourrais-tu pas lui faire faire un rôle de figuration dans *Bat d'Af* ; la moindre des choses qu'elle pourrait gagner serait pain bénit pour elle, cinq francs par exemple ce serait la fortune (pour commencer). Car il est vrai que les leçons ne lui coûtent rien, mais il faut avec cela manger et s'habiller – etc... pour le moment, elle a ce qu'il faut, mais étant assez désordonnée cela ne durera pas longtemps ; fais-lui un peu la morale et donne-lui des bons conseils.

Nous nous sommes séparées Colette et moi aujourd'hui et pour toujours ; je suis absolument décidée à ne plus la revoir ; et quoiqu'elle trouve cela dur et injuste, mettant un entêtement merveilleux à trouver et affirmer qu'elle ne m'a « *rien fait* ». Elle ne saura jamais ce qu'elle a perdu de tendresse désintéressée, de dévouement de tous les instants ; et je crois qu'un jour elle regrettera ce qu'elle « *m'a fait* ». N'en parlons plus. Elle garde Rozven, et nous ne nous reverrons plus.

Au revoir, mon vieux camarade, envoie-moi bientôt Christiane car on n'a plus qu'un mois à rester ici.

Je t'envoie mes affectueuses amitiés
ton amie

Missy

97
Henry de Jouvenel à Missy

Rozven
Par Saint-Coulomb
Ille-et-Vilaine

Mercredi

Madame

Votre lettre m'a touché jusqu'au cœur. J'y ai reconnu votre générosité mélancolique.

Vous m'écrivez : « Je vous confie Colette ». Je crois avoir compris ce que cette phrase cache encore de tendresse. Et je sens tout ce qu'elle m'impose. J'accepte Colette de vous, Madame. Je crois qu'elle trouvera près de moi une vie honnête, saine et digne. Elle est faible comme une enfant. J'espère que mon bras sera assez solide pour qu'elle puisse s'y appuyer. Je n'aurais, je crois jamais songé à vous la prendre. Mais il est certaines gens dont le contact seul l'eût gâtée. C'est faire œuvre bonne que de la retirer de leurs mains. Il ne faut pas dire de mal de vous, madame, comme vous le faites dans votre lettre ; il ne faut pas penser de mal d'elle. Et je crois qu'il ne faut pas non plus m'accuser. Toutes nos vies se retrouvent bouleversées ensemble. Il n'y a qu'à se laisser faire.

Je suis venu, vous le savez, vous écrire à Rozven, acceptant ainsi l'hospitalité que vous m'avez offerte.

Je vous en remercie, Madame, et ne puis vous dire combien votre lettre ajoute à mon respect.

Henry de Jouvenel

98
Isabelle de Comminges à Missy

Ajaccio, 14 août [1911]

Pourquoi, Madame, vous détesterai-je ? Le sentiment profond que j'ai eu pour Colette était trop désintéressé pour que ma sympathie pour vous puisse en être atteinte.

Maintenant que nous voilà seules toutes deux, bien souvent je pense à votre tristesse – si sœur de la mienne – et nous parlons de vous avec le Gosse – qui n'est pas un méchant gosse, je vous assure. – Nous nous entendons très bien tous les deux – dans de beaux paysages – et je voudrais ne jamais revenir ! –

Adieu Madame. Ne soyez pas trop triste (Et c'est moi qui vous dis ça !) – Il faut rire de cette garce de vie, pour qu'elle ne nous entende pas pleurer.

Donnez de vos nouvelles à Naples et à Venise – Vous nous ferez plaisir. Je vous serre cordialement les mains – en compagne d'infortune.

La Panthère

Ex rade d'Ajaccio – 14 août.

99

Claridge
Champs-Élysées

[janvier 1931]

Mardi matin

Missy, que c'est étrange ! Brindejont me téléphone hier soir, et me parle de toi. Or depuis une dizaine de jours, je me préoccupe de toi, parce que j'écris un chapitre où tu es évoquée [1] et je ne veux pas le publier sans te l'avoir communiqué. Et je disais hier à Claude Chauvière [2] qui est venue me voir : (j'ai de la bronchite, je ne sors pas) « Sache donc si Madame de Morny habite encore à Passy. »

Je n'ai pas de voix en ce moment [3], je n'ai pu qu'écouter ce que me disait Brindejont, mais j'ai à peu près compris, je pense. Mon très difficile travail ne me laisse pas le loisir d'un autre travail, mais si tu crois que je puisse t'être, en quelque manière, utile, ne t'arrête pas à cette idée : je pourrai toujours *guider*, arranger, équilibrer ce qu'une autre personne, choisie par toi (ou par moi), se chargerait de faire.

Veux-tu me répondre ou me voir ? Je suis toujours, ta vieille amie

Colette

1. Colette écrit ce qui deviendra *Ces Plaisirs...* (1932), puis *Le Pur et l'Impur* (1941).

2. L'écrivain Claude Chauvière (1897-1939) était une grande admiratrice de Colette qui l'engagea comme secrétaire de 1928 à 1931.

3. Colette avait attrapé froid lors d'une conférence donnée au théâtre des Deux-Ânes le 11 décembre 1930.

100

Claridge
Champs-Élysées

[1931]

[*Suscription*] J'ai téléphoné deux fois aujourd'hui, on ne répond pas chez toi

Chère Missy, nous avons fait, samedi et dimanche, près de 500 kil. pour roder la voiture. Beau temps, Dieppe, Rouen, des roses partout et partout... du goudron. Pour avoir changé une roue en plein goudronnage nous étions dégoûtants.

J'ai fait vendredi dernier la connaissance de M. Émile Hermès [1], propriétaire de la maison Hermès. Il m'a fait visiter ses collections. L'une d'elles réunit des nécessaires de toilettes de voyage. Je lui ai demandé s'il s'intéressait à un coffre de pharmacie, pas ancien mais très bien exécuté. Il m'a dit oui. Est-ce que tu as toujours le tien ? Peut-être Hermès l'achèterait-il, car il m'a fait retéléphoner ce matin (lundi) par sa secrétaire à ce sujet. Dès que tu seras chez toi, veux-tu me téléphoner ?

Chère et chère Missy, je t'embrasse de tout cœur, et Maurice [2] est désormais ton très dévoué Maurice

Colette

1. En 1942, Colette consacrera un article publicitaire à la maison Hermès.

2. Maurice Goudeket (1889-1977). Ancien courtier en perles, il avait rencontré Colette en 1925. Il sera son dernier compagnon, son « meilleur ami ».

101

Claridge
Champs-Élysées

[1931 ?]

Non, chère Missy, Miss Barney (Nathalie)[1] n'a absolument rien contre toi, au contraire, elle n'a pour toi que beaucoup de sympathie. Je suis contente qu'elle me l'ait dit, et contente de te le répéter. Et je suis encore plus contente de me dire que je reverrai souvent ton cher et loyal visage

ton amie

Colette

1. D'origine américaine, Natalie Clifford Barney (1876-1972), surnommée « l'Amazone », fut au début du siècle une figure mondaine de premier plan et tint pendant plusieurs décennies dans son pavillon du 20, rue Jacob un salon littéraire qui réunissait les artistes de son temps. Miss Barney affichait ouvertement son homosexualité, et ses amours féminines, notamment avec la poétesse Renée Vivien, sont restées célèbres. Aux dires de Louise Weiss, Missy n'avait que mépris pour l'Amazone et la qualifiait d'« Américaine fille de juifs ».

102

Athénée Palace Hôtel
Bucarest[1]

[1er mars 1931]

Ah ! mon petit Missy, que je me sens loin ! Je ne te raconte rien par lettre, mais ma vie est terrible. Je ne suis qu'une balle qu'on se rejette de banquets à banquets, de soirée en concerts, de discours en réponses, d'interviews en photographies, de wagon à wagon. Quand je rentrerai, j'aurai six nuits de wagon-lit, et à partir de demain lundi, je ne couche pas dans un lit jusqu'à vendredi, jour de mon retour. Je pars pour Jassy demain soir.

Grand succès à Vienne[2], c'est vrai. Mais ce n'est pas ça qui repose, au contraire. Et puis je n'ai le temps de rien voir, sans quoi mon voyage durerait le double !

Je serai bien contente de revenir, chère Missy ! Je t'embrasse de tout cœur, dis à mes bêtes que je reviens vendredi !

Colette

1. Le 1er mars 1931, Colette donne une conférence en présence de la reine Marie de Roumanie qu'elle avait interviewée en 1919.

2. Colette était du 25 au 27 février 1931 à Vienne où elle donna le 26 une conférence. Elle y fut reçue triomphalement, comme à Bucarest.

103

Claridge
Champs-Élysées

[fin mars 1931]

Très chère Missy, figure-toi que je pars, (en taxi !) pour Montfort-l'Amaury [1] avec Pauline [2]. Je ne voulais y aller que demain, mais la mère Sudre, la gardienne, me téléphone que les ouvriers de Mlle Chanel se sont mis à travailler dans la petite annexe où on a garé mes effets personnels et autres bibelots, lampes, papiers, vases, petits meubles etc. etc.

Il faut donc que nous partions tout de suite, il est une heure, je crains bien de n'être pas rentrée à temps pour aller te voir, car il nous faudra transporter les choses que je garde aux Mesnuls, chez les Luc-Albert Moreau-Morhange [3], à 2 kil. de Montfort. Tu vois ! Mais promets-moi que je te verrai avant mon départ pour Tunis [4], puisque je ne pars que dimanche à 7 h 30.

Je t'embrasse bien, cher Missy. Maurice me charge pour toi de ses respectueux et affectueux hommages.

Colette

1. Maurice Goudeket avait acheté le 6 avril 1930 la Gerbière, près de Montfort-l'Amaury. Le 7 décembre de la même année, il la revend à la couturière Coco Chanel moyennant une belle plus-value.

2. Pauline Tissandier (1903-1990), gouvernante de Colette, était entrée à son service alors qu'elle n'avait que treize ans, en 1916.

3. Le peintre Luc-Albert Moreau (1882-1948) et sa femme, la violoniste Hélène Jourdan-Morhange (1892-1961).

4. Le dimanche 5 avril 1931, Colette s'embarque pour la Tunisie pour donner une série de conférences.

104

Hôtel Transatlantique
Tunis

[avril 1931]

Ma très chère Missy, je te donne, en peu de mots, des nouvelles :

Sur mer, grand calme, puis grand vent. Mal de mer ! Et ajoutes-y le souci que me donnait, devine qui ?... Une ravissante petite chienne brabançonne, achetée à Paris pour le Bey, confiée, de Paris à Marseille, à un chef de train, puis sur le bateau à une andouille de médecin du bord, qui s'était borné à attacher la petite bête, simplement au pied de son lit, et ne s'en occupait plus ! Quand Maurice a su cela, il s'est élancé, et j'ai soigné la charmante créature pendant tout le voyage, naturellement. Elle ne m'a plus quittée, je l'ai réchauffée, nourrie, et au débarcadère un commandant est venu la chercher... Elle tremblait de tout son corps en me quittant, et si tu avais vu ses yeux... Quand aurons-nous fini de nous faire des chagrins avec toutes les bêtes que nous ne pouvons pas adopter ?

J'ai parlé hier mercredi à Tunis : je pars dans une heure pour Bizerte. Le soleil a succédé à une pluie battante, il fait très beau. Tunis s'est couvert de drapeaux pour Doumergue ! Je t'embrasse, chère Missy, de tout mon cœur, et Maurice t'envoie sa respectueuse amitié.

Colette

105

[La Treille muscate[1], juillet 1931]

C'est déjà mieux ce que tu m'annonces, chère Missy. Espérons que l'acquéreur... acquerra[2].

Oui Maurice était parti pour me retrouver. Son billet de retour est déjà pris, il quitte St Tropez le 30. Et il savoure minute à minute des journées qui sont, toutes, bleu et or. Tu as vu ce cyclone à Toulon. Ici, – à 50 kilomètres par la route – nous n'avons eu qu'une bienfaisante pluie de deux heures, qui a déchaîné tous les parfums de la terre et des pins. On se lève tôt, on est souvent à 6 heures ou 6 h 1/2 sur le charmant petit chemin de côte, on revient pour le petit déjeuner. Après, on se livre à des nettoyages des fossés, de l'herbe, du bosquet de pins. C'est une propriété minuscule, mais qui a toujours été négligée et comme les « journées d'homme » coûtent 36 francs, nous abattons le bois mort, nous ratissons, c'est excellent pour les muscles et le ventre ! Mais bien sûr vous parlerez camping ensemble, toi et Maurice ! Nous allons encore une fois devenir riches, – c'est-à-dire le croire. Sois fière de moi : je commence à nager mieux, la tête sous l'eau !

Les Luc-Albert Moreau sont arrivés chez eux, on se baigne ensemble. Luc est fou de la carafe à glace,

1. Colette a acheté la Treille muscate, une petite maison près de Saint-Tropez, en 1926.

2. Missy souhaite vendre la villa qu'elle a acquise à Saint-Coulomb en 1911 après la rupture avec Colette.

il déclare « Enfin la vie est possible à cause de cette carafe ! »

Viendras-tu dans le Midi ? Un architecte. Oui, je connais Moreux, qui construit beaucoup de moderne, c'est un ami des Luc. Fais-moi un croquis, j'adore les plans et les projets sur papier. Au nom du Ciel, n'aie pas un « poil dur » ! Ils ont le caractère également en bois. Et tâche de te nourrir, je t'assure que les jambes n'enfleront pas davantage. Des amis ? j'ai les Luc et mes charmants voisins Van der Henst [1], et c'est bien assez ! Si tu voyais les invitations que m'envoient tous les dancings, restaurants et boîtes de la Côte... j'en tremble d'horreur. Nous avons aussi tous les ans d'autres voisins amis, les Schroeder, (surtout le mari) mais la semaine dernière, le mari a fichu le camp avec une autre femme ! Et il se trouve (je l'ai appris à ce moment-là) que c'est une femme que je connais très bien [2] ! Je reçois à l'instant une carte d'Auto. Mon travail [3] ? Il avance un peu moins vite que l'escargot de course.

La chatte est ravissante et pleine. Souci prend son bain de mer tous les jours, si je l'en prive elle est désolée. C'est rare un bull qui aime l'eau. Et je la sèche au sable chaud. D'ailleurs, même sans sable, elle sèche tout de suite. La seule chose que je lui

1. Le dentiste Julio Van der Henst et sa femme Vera possédaient la villa « la Pliade », face à la Treille muscate. Ils furent les témoins de Colette et de Maurice Goudeket lors de leur mariage en 1935.

2. Il s'agit de la comédienne Simone Berriau (1896-1984), qui épousera Bernard Schröder en secondes noces.

3. Colette travaille à l'écriture de *Prisons et paradis* qui paraîtra en novembre 1932 chez Ferenczi.

défends, c'est le bain de soleil immobile. Pauline a rougi de fierté quand je lui ai dit que tu avais pensé à ajouter un mot pour elle. Chère, bien chère Missy, je t'embrasse de tout mon cœur, et Maurice est ton fervent et respectueux ami.

Ta vieille amie.

Colette

106

La Treille muscate
Route des Cannebiers
Saint-Tropez, Var

[août 1931 [1]]

Non, chère Missy, nous ne sommes pas dans les incendies. Nous les voyons, et d'assez près. C'est magnifique, – c'est révoltant. Car il faut bien croire à la malveillance. C'est simple : un pin, acheté sur pied par le marchand de bois, coûte vingt francs. Quand il a brûlé, assez superficiellement pour que le tronc soit debout et entier, il coûte vingt sous. Tu as compris ? Ce n'est plus un incendie, c'est une affaire. Voilà ce qui se chuchote. Si on pendait un marchand de bois sur dix, le reste se tiendrait tranquille. Hier, j'ai cru que le feu avait pris derrière mes voisins d'en face mais il s'en fallait d'une vallée, invisible de chez nous. N'empêche qu'il était assez proche pour qu'en allant, une demi-heure à pied, à travers bois à sa rencontre, nous l'ayons vu dans sa magnificence et sa méchanceté, de tout près. Mais le vent l'emportait du côté de Salins, et non sur nous. Nous ne sommes pas en question, car nous sommes défendus par les vignes, le feu ne touche jamais aux vignes. Mais hier, en quatre heures, le feu avait fait quinze kilomètres au moins. Celui d'il y a quatre jours, sur Grimaud et la Mole, a été formidable. Il fumait encore ce matin. Jamais, sois en sûre, je n'habiterai une maison

1. Mention page 3 de la lettre : « répondu le 28 août 1931 ».

dans les bois. Et je le déconseille aux amis qui veulent acheter dans ce pays.

Ton voyage a été bon ? Quels sont tes projets ? Chère Missy je « tourne court » à cause d'une visite de Parisiens (ce sont des gentils) qui ne resteront pas longtemps il est l'heure de dîner ! Je t'embrasse de tout mon cœur, Maurice est ton respectueux ami.

Colette

107

La Treille muscate
Route des Cannebiers
Saint-Tropez, Var[1]

[été 1931]

J'étais sûre, bien chère Missy, que ton silence ne signifiait rien d'agréable. Je le sentais. Mais est-ce tout à fait définitif, le renoncement de ton acquéreur ? Je voudrais tant que cette vente de propriété te contente et te mette en repos. Te voilà de nouveau forcée de faire appel à ta philosophie désabusée... Je ne m'en réjouis pas, et pour plus d'une raison, mon pauvre cher Missy. Tiens-moi au courant !

Ici, voici le premier jour véritablement brûlant. Une attaque de mistral tourne au sirocco, mais sans doute il reviendra mistral ce soir. Ma vie ici ne comporte pas d'événements. Pour une fois que j'ai mis les pieds à St-Tropez hier, je me suis vue attaquée par une nuée d'étournelles en pyjamas, qui me tendaient des crayons et me demandaient des signatures avec un sans-gêne espiègle, à gifler ! J'ai horreur de ce genre, et c'est pour ça que je n'affronte guère « la ville » pendant mon séjour. La Moune Morhange[2] est toujours en Normandie, ils arriveront au « mâquis »[3] vers le 10 août je pense. Pauvre Maurice

1. En-tête manuscrit.
2. Hélène Jourdan-Morhange.
3. Propriété proche de la Treille muscate achetée par Luc-Albert Moreau et son ami le peintre Dunoyer de Segonzac (1884-1974). Par la suite, ce dernier conserva seul la villa.

défend sa croûte à Paris… Ma petite voisine, la femme du docteur Van der Henst, est arrivée, elle est une compagnie discrète et infiniment gentille. Nous consommons, elle et moi, une quantité incroyable d'aubergines, poivrons, tomates, et les derniers maïs.

Chère Missy, je t'embrasse de bien bon cœur, et je veux espérer encore que l'histoire de « Primerose » tournera du bon côté. Rappelle-moi aux amis que j'ai rencontrés chez toi, – et pense à manger sérieusement au moins une fois par semaine !

Ton amie

Colette

Ma fille[1] travaille comme un nègre qui serait travailleur. Elle doit avoir touché sa voiture cette semaine et elle ira « tourner » son second film entre Biarritz et St-Jean-de-Luz.

1. Colette de Jouvenel (1913-1981), fille de Colette et d'Henry de Jouvenel. Aux débuts des années trente, elle fut un temps assistante de réalisation au cinéma.

108

[La Treille muscate, 31 septembre 1931]

Lundi

Chère Missy, excuse ce papier-à-travail, il s'en faut d'un étage que j'aie le papier à lettre sous la main. C'est un très petit étage, mais je donne le moins possible aux mouches l'occasion de franchir ma porte. Je suis contente de savoir que tout s'est bien passé en Bretagne. Maurice est parti pour Paris hier soir, désolé comme chaque fois qu'il quitte ce pays qu'il aime beaucoup. Comme il va avoir son temps très pris les premiers jours, je te donne son adresse de bureau (un bureau qu'il va liquider, trop cher) 34, rue Drouot[1], Provence 74-36. Tu l'y trouveras plus facilement qu'au Claridge, car il part du Claridge souvent avant 9 heures, n'y déjeune pas, et n'y dîne pas quand je suis absente. Téléphone-lui dans trois ou quatre jours.

Mes projets se tiennent sur une patte. Il se peut que je sois rappelée à Paris le 6 ou le 7, car (si c'est possible) j'entrerais alors dans une affaire (t'en ai-je parlé ?) commerce de luxe - parfums - produits de beauté[2]. La vie est si difficile que si on m'achète mon

1. Siège de la future SARL Colette, dont Maurice Goudeket sera le fondé de pouvoir.

2. La SARL Colette pour l'exploitation de produits de beauté sera inscrite au registre du commerce le 2 mars 1932. L'inauguration du magasin aura lieu le 1er juin. Missy fut-elle associée d'une manière ou d'une autre à cette entreprise ? Son nom ne figure pas parmi la liste des associés conservée aux archives de Paris, mais sur une carte d'iden-

nom, je le vendrai pour un temps, mais je serais obligée de m'occuper *effectivement* de l'affaire. Je te tiendrai au courant de l'affaire, bien entendu, car tu penses si je m'intéresse à ton voyage dans le midi !

Grande marée sur le Sillon ! J'ai encore dans les narines cette odeur des grandes marées bretonnes, que j'aime tant. À propos, j'ai pris un petit requin hier, à l'heure du bain. « Oh ! venez voir le joli poisson ! » me crie ma voisine en rentrant dans l'eau. J'y cours, et je lui dis : « N'y touchez pas ! » Et de toutes mes forces j'empoigne la bête au-dessous de la tête, un fort joli squale, qui avait 75 centimètres. Mon Dieu, la force de cette bête ! Je le tenais en l'air, il ouvrait sa gueule de requin, et montrait ses dents, et j'ai vite crié au Dr Van der Henst mon voisin : « Aidez-moi ! reprenez-le ! » Il l'a emporté et tâché de commencer à l'assommer. Une petite bête comme ça, ça vous couperait un orteil ou un doigt comme un radis. Un congre se serait échappé, à cause de la peau glissante. Mais le petit squale avait une peau aussi nette qu'une pantoufle en cuir, sans la moindre viscosité. Le fermier des van der Henst l'a écorché et voulait le faire cuire, mais l'odeur était si sauvage et si singulière qu'il a enterré la bête. Nous avons des requins (des grands) presque tous les étés, qui sont chassés par quelque tempête lointaine. Ce n'est pas très dangereux, mais il vaut mieux ne pas nager trop

tité de la chambre artisanale, sans mention de date malheureusement, Missy a indiqué à la rubrique profession « fabricante de produits pharmaceutiques et de beauté ».

loin. Ils ont peur, d'ailleurs, de tout ce qui remue (sauf des poissons, naturellement).

Je crois que lorsqu'on parle de vignes détruites par le feu, on veut dire que la chaleur intense et la fumée abîment le raisin et annulent la récolte. Songe que l'on défend de brûler les herbes et les détritus avant la St Michel, c'est-à-dire avant les vendanges, car les fumées d'herbes, en passant sur les raisins non cueillis, donneraient mauvais goût au vin. Le raisin d'ici est une merveille.

Je voulais t'écrire dix lignes ! Je t'embrasse de tout mon cœur, chère Missy. Les Moune Morhange et Luc Albert se rappellent affectueusement à ton souvenir, et je suis

Ta vieille amie

Colette

109

La Treille muscate
Route des Cannebiers
Saint-Tropez, Var

[6 septembre 1931]

Dimanche

Eh bien, mon Missy, je me suis cassé la jambe, c'est-à-dire le péroné, hier [1]. Je te l'écris en hâte parce que si un journal s'avise d'en parler, tu t'inquiéteras. La cause ? un fossé refait à neuf très étroit, très profond. Bon Dieu que ça fait mal. On m'a ramenée, rapportée veux-tu dire, à peu près sans connaissance. Voiture d'ambulance, hôpital de St Tropez (tu penses !) radiographie. Bonne fracture, en biseau, et plâtre. Dans le plâtre ! Je suis indignée. Et bien mal à mon aise, je t'assure. Mais il est probable que je reviendrai à Paris avec mon plâtre, on me l'enlèvera là-bas.

Ce pays est étonnant. Je t'écris dans une pièce où nous avons ouvert le calorifère, qui dépend du fourneau de cuisine. Un coup de mistral a soudain glacé l'air, ça ne durera pas, mais tous les ans, aux approches de l'équinoxe, nous avons ces bourrasques.

Chère Missy, je m'excuse de l'ennui que va sûrement te causer la nouvelle de mon péroné cassé. Mais

1. Colette s'est cassé le péroné le 5 septembre en tombant dans un petit fossé aux abords de la Treille muscate. Un accident qui fut sans doute à l'origine de l'arthrite de la hanche qui ternit les dernières années de sa vie.

il n'y a rien de ma faute. Et comme le comique abonde, Dieu merci, à côté du drame, figure-toi que Maurice (occupé à tourner la voiture) m'entendant crier et me voyant me rouler par terre, met, d'émotion, la Ford dans un autre fossé. Notre ami Luc-Albert Moreau, mandé pour aller dépanner notre voiture, apprend mon accident, et met, d'émotion la Fiat dans le fossé. C'était du bon cinéma. Je t'embrasse, chère Missy, de tout mon cœur. Maurice et tous ses amis, les « Amis de la Carafe Magique » me chargent de leurs souvenirs les plus affectueux pour toi.

Colette

110

La Treille muscate
Route des Cannebiers
Saint-Tropez, Var

[début septembre 1931]

Jeudi

Ne t'inquiète pas, chère Missy, tout va bien. Mon très bon état général aide mon état local. Et je ne vais pas tarder à rentrer avec mon plâtre, dans huit, dix, douze jours. Je reviendrai par le train, et en civière dans les gares. Maurice revient samedi, emmène la Ford et m'attend à Paris. J'espère que la 2e radioscopie, dans quelques jours, montrera déjà mes progrès de recollement. L'enflure, très pénible, a obligé Fricheman à décolleter mon plâtre, aux ciseaux, déjà deux fois, mais ce matin je me découvre un petit désenflement des doigts de pied, c'est le commencement de la décongestion. Songe que j'ai le droit d'aller deux fois par jour à la salle de bains, à l'aide de Pauline et de deux chaises, et de manger à table la jambe étendue ! Le Dr Fricheman y tient, pour que j'acquière et j'entretienne ma force dans les bras et dans la jambe valide. Ce n'est pas bête : vu mon poids considérable, j'aurais risqué des chutes, après une longue inertie.

Je n'ai besoin de rien, chère Missy, sinon que tu quittes toute inquiétude. Merci de ta lettre je t'embrasse de tout mon cœur

Colette

111

[*Lettre incomplète*]
Hôtel Claridge
Paris

[décembre 1931]

Ma chère Missy,

Que veux-tu que je te réponde ? Il n'y a pas *un* mot de changé dans *Gringoire*[1]. Veux-tu comparer le jeu d'épreuves que je t'ai communiqué, que j'ai *tenu* à te communiquer ? Souviens-toi que je t'ai demandé depuis que tu m'as rendu les épreuves. Mon éditeur pourrait te l'affirmer, mais je dédaigne ce genre de justification, ma parole *doit* suffire. Tu me blesses, Missy car tu mets en doute, (outre mon affection), ma conscience et mon honnêteté d'écrivain, que personne n'a mis en cause en quarante années, bientôt, de travail. Je n'ai ni à te pardonner ni à t'en vouloir, mais je suis blessée et peinée. Je signe pourtant encore, puisque je [...]

1. *Ces Plaisirs...* (1932) avait d'abord été publié dans la revue *Gringoire* du 4 au 25 décembre 1931. Sa parution fut brusquement interrompue à cause des vives protestations soulevées par les lecteurs.

112

Hôtel Claridge
Paris

[début 1932]

Chère Missy, impossible de trouver un instant hier ! Je suis rentrée à 7 heures pour me mettre au lit, n'en pouvant plus. Aujourd'hui je pensais que tu viendrais peut-être, mais il est déjà 6 heures 1/2... Veux-tu faire profiter quelqu'un de ces deux places à Médrano [1] ? À tout de suite j'espère, et je t'embrasse de tout mon cœur.

Colette

J'ai de nouveaux « produits » du laboratoire, je te les montrerai ! Excuse ces taches d'encre, j'ai secoué un peu trop fort mon stylo bouché.

1. Le cirque Médrano, situé au 63 boulevard Rochechouart.

113

Claridge
Champs-Élysées

[1932 ?]

Ma chère Missy

Des temps meilleurs, comme tu le dis, reviendront. Le temps est un remède à tout, – sauf à la vieillesse. Et encore !

Je vais voir Mme de Viguier. Pour Mme Dupré, c'est trop tôt. Je suis contente que les chaussettes soient bien. Elles reviennent encore à un prix assez élevé, mais moi qui en fait faire pour Maurice depuis deux ans au moins, je trouve, et lui aussi, que cela vaut la peine, comme usage et... comme élégance !

Il y a deux pelotes par paire, donc six pelotes à 7 F 50. Et la femme prend 15 francs de façon. Ça doit faire trente francs la paire. Si plus tard tu as besoin de laines et de chaussettes, Pauline sera contente de s'en charger. Les laines viennent de chez Mme Charette 181 b[d] S[t] Germain.

Maurice te remercie de ton souvenir et me charge pour toi de ses hommages respectueux. Je reste très affectueusement.

Ton amie

Colette

114

Claridge
Champs-Élysées

[1932 ?]

Chère Missy, je m'aperçois avec contrition que, au milieu des allées et venues d'aujourd'hui, je ne t'ai pas remerciée des bonbons que tu m'as envoyés. Je devrais dire : que tu *nous* as envoyés. Entre ma fille, mon frère Léo [1] et Maurice, les caramels ont tremblé ! J'ai défendu ma part héroïquement, tu penses bien. Merci au nom de tous ces pillards sans vergogne. Je t'embrasse de tout mon cœur, chère Missy.

Ta vieille amie

Colette

1. Léopold Colette (1866-1940), que Colette surnomme « le sylphe » dans *La Maison de Claudine* (1922). Léo menait à sa façon une vie de bohême. Musicien brillant, il n'a jamais exploité ses dons et s'est contenté d'un modeste emploi chez un notaire de Levallois-Perret. Inadapté à la vie d'adulte, il vivait dans les souvenirs de son enfance.

115

Claridge
Champs-Élysées

[avril-mai 1932]

Mon très cher Missy, que vas-tu penser de moi qui n'ai pas donné signe de vie ? J'ai dû d'abord rester ici pour attendre Sexer qui venait ici avec des propositions de *vingt* villes différentes qui demandent des conférences. Selon les moyens de chacune, il faut les envisager séparément, et c'est em... nuyeux au possible. Quand j'en ai eu fini avec Sexer, il était 7 h moins le quart et j'aurais dû, à 6 h 1/2, aller parler d'une vente éventuelle d'un film à tirer de *Mitsou*[1] avec un Allemand. C'est à ce moment-là que je voulais passer chez toi. Déjà en retard, je suis partie tout habillée car j'ai dîné chez les Claude-Roger Marx[2], et de là je n'ai pas pu te téléphoner commodément. Voilà ! Si tu n'as pas un cœur de pierre, tu viendras me dire que tu ne m'en veux pas !

Je t'embrasse et je m'excuse, chère Missy.

Colette

1. Le 21 mai 1932, Colette confie au journaliste de *L'Intransigeant* Claude Vermorel : « Les Allemands voulaient adapter *Mitsou* en costumes d'époque. » Aucune autre trace de ce projet ne subsiste. Jacqueline Audry réalisera en 1956 l'adaptation du roman de Colette avec Danièle Delorme dans le rôle-titre.

2. Colette avait probablement rencontré le critique d'art et collectionneur Claude Roger-Marx (1888-1977) à Saint-Tropez par l'intermédiaire du peintre Dunoyer de Segonzac.

116

Usine à Courbevoie[1]
55, rue du capitaine Guynemer
SARL Capital 750 000 FRS
Adr.Tél. : SIDOLETTE-PARIS
RC Seine 251.489 B

[printemps 1932]

Chère Missy, je reçois ce carnet de « présentations » si tu as envie d'en voir quelqu'une...

Chatte et chienne sont dans tous leurs états, nous partons à l'instant pour jusqu'à demain soir. Mais il fera froid ! Je t'embrasse chère Missy.

Ta vieille amie

Colette

1. L'usine de fabrication des produits de beauté destinés à l'institut de Colette.

117

Claridge
Champs-Élysées

[mai 1932]

Eh bien, chère Missy, on n'arrive pas à se rencontrer. Combien de visites de toi ai-je manquées ? Je ne parle pas de mon voyage à Bruxelles, qui a été bref[1]. Mais en ce moment, je suis forcée d'aller à Neuilly et à Puteaux, aussi bien à 10 h du matin qu'à 3 h de l'après-midi. Songe donc, il faut ouvrir le petit magasin le 1er juin. Ce sera inachevé, mais tant pis. Je te confierai quelques invitations, tu les donneras à des femmes que les « produits » intéressent.

Je ne me suis absentée que samedi après-midi et dimanche jusqu'au soir. En guise de vacances, nous avons déménagé et emménagé les épaves de l'ancienne maison de Montfort[2]. Quand viens-tu me voir ? Quand vais-je voir tout ce qui est nouveau chez toi ?

Je t'embrasse, chère Missy. Maurice est ton respectueux et affectionné, – je crois qu'affectueux est plus français ! – et je suis

ta vieille amie

Colette

1. Colette a donné une conférence à Bruxelles le 9 mai 1932.

2. Après la vente de la Gerbière à Coco Chanel, les meubles et objets avaient été entreposés dans la maison de Luc-Albert Moreau aux Mesnuls.

118

[La Treille muscate, fin août 1932]

Samedi

Ma chère Missy, il me semble qu'il y a bien longtemps que nous ne nous sommes écrit ! Combien de fois pourtant me suis-je demandé comment, et où, tu supportais la vague de chaleur qui a rendu Paris irrespirable. Je sais maintenant que le temps y est meilleur, puisque Maurice est rentré depuis une semaine et qu'il m'envoie des bulletins météorologiques. Ici il fait, depuis huit ou dix jours, *très* chaud, et les nuits sont comme des nuits de juillet, immobiles, sans un souffle. C'est rare fin août.

T'ai-je seulement écrit depuis l'arrivée de ma fille ? Je ne le crois pas, et je me le reproche. Elle est arrivée le 18, venant de la Corrèze dans sa Ford. Elle conduit admirablement, c'est-à-dire sans imprudence, du moins avec moi ! Ses réflexes sont excellents, et c'est une fine manœuvrière en terrain encombré. Pour encombrée, la région l'est. Les routes, Missy !... Le Dr Frichemant me disait : « Ils vont peut-être un peu fort en ce moment. Cette semaine, sur 90 k. de route, 7 accidents graves, dont deux suivis de mort. » Des fous, des criminels. Tu n'as pas idée. Un chauffeur en bordée mène des amis dans la belle voiture de son patron absent. Sur la route, ayant bien bu, il s'écrie : « J'ai laissé ma casquette au restaurant ! » et il tourne, sans un signe, sans un coup d'œil en arrière. Résultat :

trois voitures massacrées, cinq types amochés, le chauffeur coupable tué net. C'est toujours ça.

Je n'ai pas grand' chose à te dire de la vie que je mène. Je me lève tôt, je nettoie le jardin, j'arrose avant le soleil. Le soir à 5 h 1/2 je vais au petit magasin[1], et nous dînons assez souvent entre amis. Le 7 ou le 8 sept^bre Maurice revient et nous partons tout de suite pour Pau, Tarbes et Biarritz où il nous faut voir et mettre au courant des dépositaires de nos produits. Le 16 ou le 17, nous serons à Paris, où je passe dix jours seulement et je pars pour Marseille, où a lieu l'Exposition du syndicat des parfumeurs français. Là il faut parler, banqueter. Le 2 octobre je reviens à Paris, et je ne sais pas encore les dates précises des re-départs pour Genève, la Belgique et quoi encore... Le Grand Duché de Luxembourg[2].

Chère Missy, j'aurai beaucoup de plaisir à savoir que tu es en bonne santé. Et ton sévère régime alimentaire ?

Moune est avec Luc-Albert sur sa colline, d'où la vue est charmante. Elle m'a chargée de toute sorte de souvenirs affectueux pour toi, ce matin au bain d'onze heures et demie. Ma fille est à Ste Maxime où elle prend, avec des jeunes gens et filles de son

1. Colette avait ouvert au mois d'août 1932 une succursale de son institut de produits de beauté sur le port de Saint-Tropez où elle maquillait chaque fin d'après-midi.

2. Colette multiplie les conférences en Europe. Elle est en Suisse du 21 au 25 octobre, au Luxembourg les 14 et 15 décembre et en Belgique les 18 et 19 décembre.

âge, une leçon de planking[1]. Pourvu qu'elle ne se fasse pas flanquer la planche dans la figure ! C'est le seul danger de ce sport-là. Je nage avec la figure dans l'eau et j'en suis pas peu fière ! Hier soir je dînais chez les « estivants » (mots croisés) à la Nartelle, et Mary Marquet et Francen[2] me disaient que les Sacha divorcent[3]. Ils disaient aussi que l'infidèle Yvonne crevait de chagrin de ne plus voir Sacha. Complications !

Chère Missy, je t'embrasse bien affectueusement, et je suis de tout cœur

ta vieille amie

Colette

1. Petite planche de bois fin à la pointe recourbée, ancêtre du surf.

2. L'actrice Mary Marquet (1895-1979) épousera en 1933 l'acteur belge Victor Francen (1888-1977).

3. La séparation entre Sacha Guitry et l'actrice Yvonne Printemps eut lieu au mois de juillet 1932.

119

La Treille muscate
Route des Cannebiers
Saint-Tropez, Var

[septembre 1932]

Chère Missy, tu as vu que nos lettres se sont croisées. J'ai été heureuse de savoir que tu te portais bien, mais je maudis ton acquéreur de Primerose qui croit que tu te nourris seulement de promesses et qui t'a en somme bloquée dans un Paris d'été. J'ai comme cela quelques Paris d'été... obligatoires dans mes souvenirs, et ce ne sont pas de bons souvenirs.

Ceci n'est qu'un mot pour te dire que nous partons. Nous passons – business ! – par Pau, Biarritz, St Jean de Luz et Bordeaux[1]. Espérons que la Ford se distinguera. Nous pensons arriver à Paris au plus tard lundi, peut-être dimanche assez tard. À bientôt chère Missy, tu sais que j'aurai grand plaisir à retrouver ton calme, ta bonne poignée de mains et... malheureusement ton intransigeante frugalité ! Ton ami Maurice est revenu hier pour me chercher et nous commençons demain matin notre tournée. Il fait le plus beau temps du monde ! Maurice, Moune se rappellent affectueusement à toi, je t'embrasse de tout mon cœur et je suis ta noire vieille amie.

Colette

1. Colette parcourt la France pour donner des conférences et faire des démonstrations de ses produits de beauté.

120

Le Claridge

[novembre 1932]

Bonjour-bonsoir chère Missy. Je repars, je reviens le 5. J'ai vendu pendant 3 jours au Printemps, j'ai eu 2 heures pour faire mon sac. Si tu passes par le Claridge, Pauline te donnera un yoyo [1] que j'ai rapporté pour toi, (il n'y en avait pas de rouge [2] !) je l'ai trouvé sous ma serviette à un dîner à Tours. Je t'embrasse en hâte.

Colette

1. La vague du yoyo est alors toute récente : elle est née aux États-Unis trois ans auparavant.

2. Le rouge était la couleur préférée de Missy.

121

La Treille muscate
Route des Cannebiers
Saint-Tropez, Var[1]

[juillet 1933]

Amitiés à Auto

Chère Missy, tu penses bien que je n'ai pas pu t'écrire avant aujourd'hui jeudi ! Très bon voyage au point de vue Ford. Mais chaleur terrible jusqu'à la mer. À partir de St-Raphaël, nous retrouvons cet air agité, brûlant au soleil, frais à l'ombre, et toujours léger, qui est le climat entre Toulon et St-Tropez, et qui ne ressemble en rien à celui de Nice, Dieu merci ! Aujourd'hui et depuis hier soir, mistral, nuit secouée en tous sens. On liquide tous les embêtements de l'arrivée : la pompe a besoin de réparation, un mur humide a rongé des fils électriques, la douche fuit, – la chatte fait l'amour avec trois matous, qui se battent, et la chienne Souci est en chasse ! À part ça, tout va bien. Ma gardienne provençale a 52 oiseaux dans une cage, un chien policier de trois mois, et sept chattes. Je crois que c'est cette année que je perdrai ma bien connue patience d'ange.

Et Maurice est déjà reparti, pour revenir – il l'espère – le 5 août. Je n'ai plus qu'à m'atteler terriblement au travail[2]. Dans ma chambre au 1er étage (il y en a 2 en tout, et c'est Pauline qui a l'autre) j'ai

1. En-tête manuscrit.
2. Le 15 juin 1933, Colette a signé un contrat avec la Société

installé un petit travailloir, pour pouvoir travailler à 4 heures du matin, ce qui est peut-être une très bonne heure. Le pays est bien beau ! Du moins je le trouve beau. Et les chardonnerets s'attablent à six, huit à la fois, sur la même grosse tête de « soleil ». Tu connais tout cela ! Mais j'espère chère Missy, que tu ne trouveras pas trop laide la petite maison de ton amie qui t'aime et t'embrasse

Colette

parisienne de production de Philippe de Rothschild pour écrire les dialogues du *Lac aux dames* d'après le roman de Vicki Baum. Le film, réalisé par Marc Allégret, sortira au mois d'août 1934.

122

La Treille muscate[1]

[fin août 1933]

Je me rends bien compte qu'il y a trop longtemps que je ne t'ai donné de mes nouvelles, chère Missy. Ne m'accuse pas d'oubli. Je crois toujours, quand je m'embarque pour la Treille, que je quitte tout travail et tout souci, et chaque fois je me trompe. Il m'a fallu faire un long article – pas mal payé – pour une brochure de luxe qu'éditent les Laboratoires Nativelle (Que te dit ce nom ? Ils lancent un produit pour le cœur[2]). L'article péniblement pondu et envoyé, je reçois une dépêche : « Trop court. Prière expédier urgent six à sept pages. » À Paris je travaille lentement, mais ici je bats des records de lenteur. Enfin c'est fait.

Ensuite une histoire téléphoniquement, commence. On me demande de prendre, à partir d'octobre, la critique dramatique au *Journal*[3]. Soutenir, tous les jours, des pourparlers d'affaire par téléphone pendant sept jours, dans un appareil qui n'aime pas les longues distances, et avec un standard de grand journal où toutes les sonorités se croisent... Enfin, cela aussi m'a l'air terminé.

Le reste, c'est le plus agréable, c'est-à-dire les travaux manuels. Jardinage, arrachage, sarclage,

1. En-tête manuscrit.

2. Les laboratoires Nativelle avaient commandé à Abel Hermant, Abel Bonnard, Paul Morand et Colette des textes qui seront réunis en 1934 sous le titre *Affaires de cœurs*.

3. Sa collaboration au *Journal* durera jusqu'en 1938.

ratissage, tu me connais, c'est mon affaire. Viennent trois jours de mistral qui détruisent tout. Et on recommence. Nous ne sommes pas à plaindre : trois jours de mistral à ciel pur et aveuglant, c'est peu quand on songe que nous n'avons pas même depuis mon arrivée, eu deux heures de ciel voilé. En ce moment, septembre s'insinue mystérieusement dans le mois d'août. Les aubes trop chaudes deviennent des aubes fraîches, froides et délicieuses. Ce matin à 6 h 1/2 je faisais ma promenade à rebrousse-poil, c'est-à-dire vers le fond du golfe, sur la bande de sable, large de cinquante centimètres, qui borde la mer, sable toujours mouillé et ferme. Les couleurs de la mer et du ciel, nacre rose et bleue, aussi unis l'un que l'autre, le premier rayon horizontal du soleil, un silence absolu, tous les êtres humains endormis, – on pouvait se bercer d'une illusion tahitienne, d'autant plus que le seul langage qu'on entendait était le charmant bavardage de la perruche des Lejeune, toute seule dans son jardin. C'est à ces heures-là que je constate qu'on ne se promène bien que seul. Quand Maurice est ici, et qu'il m'accompagne, nous nous parlons à peine. Le pauvre Maurice est à Paris. Des vacances ? Douze jours en tout, et en deux fois. Il travaille avec rage à notre affaire. C'est un très brave Maurice, et je sais que tu l'aimes bien.

Je ne te parle que de ce qui m'entoure, pour te dépayser un peu de toi et de Paris. Que ne puis-je te dépayser réellement ! Si tu lis quelques journaux de cinéma, tu pourras voir que la Cie Ph. De Rothschild commence la publicité sur *Lac aux Dames*, publicité sur les interprètes, et qui ne me concerne pas. Dans *Cinémonde* de cette semaine, par exemple.

Chatte et chienne vont bien. J'ai découvert que j'étais championne de course de fond à la nage. Sans me presser, je nage plus d'un kilomètre, et sans me reposer. C'est stupéfiant ! Quand je ne pourrai plus marcher, je nagerai.

Chère Missy, tu penses bien que les coupures de journaux, je m'en f... ! Et je t'en souhaite autant. Écris-moi un mot, tu me feras grand plaisir. Moune Morhange t'envoie toutes ses amitiés et nous parlons souvent de toi. Je t'embrasse de tout mon cœur. Après le 25 septembre, tu retrouveras les habitués du Claridge, et ces orgies composées d'un verre [*texte absent*] ta vieille amie

Colette

Si cela t'amuse, il y a un article de moi dans le *Miroir du Monde* de samedi dernier[1].

1. « Amours », paru le 26 août 1933, est repris dans la réédition en 1934 des *Vrilles de la vigne*.

123

[Paris, fin décembre 1933]

Chère Missy, Monsieur de Morny[1] vient de me faire porter un charmant colis, réglisses et chocolats, qui vont me faire rattraper vivement, je pense, les quelques livres que j'ai perdues ! Monsieur de Morny est rudement gentil pour une créature cloîtrée comme moi. Cloîtrée dans un théâtre ou ici, – c'est toujours de l'internement.

Je voudrais tant trouver quelque chose d'assez rouge pour toi ! J'ai oublié de te dire que Jef Kessel[2] a été si frappé de t'avoir vue. Frappé du son de ta voix, de ta manière d'être paisible. Quant à mon amie la blonde Katia, elle est persuadée que nous lui montons tous un bateau et que Monsieur de Morny est bien... ce qu'il semble être.

Chère Missy, ne te décourage pas de venir, tu sais comment je vis. Avant-hier soir une pièce honteuse de bêtise à l'Odéon. Hier après-midi les Capucines, une revue assez gentille mais longue[3]. Et j'ai employé ma soirée à faire un papier. Plus ça change... Un bon Noël, chère Missy. Je sais que ni toi ni moi nous ne portons guère attention à ces fêtes, – encore les marques-tu par une gentillesse, toi. Je t'embrasse comme

1. Missy.

2. Joseph Kessel (1898-1979). Il rencontre Colette au début des années trente et se lie d'une véritable amitié avec elle.

3. Le 31 décembre 1933, *Le Journal* publie les deux critiques dramatiques de Colette : l'une de *Carnaval d'été* et l'autre de la revue *À la bonhoure.*

les autres jours, et comme les autres jours je suis de tout cœur ton amie.

Colette

Hélène Morhange va être ravie. Elle est partie ce matin et réveillonne chez des amis aux environs de Fontainebleau, elle ne rentrera que mardi dans la journée.

124

Claridge
Champs-Élysées

[1933 ?]

Qui est-ce qui a fait le sauvage hier ? C'est Missy. Pauline m'a raconté que tu es venue, et qu'épouvantée par les « dames », tu étais repartie sans bruit. Pauline m'a dit ta fuite, et elle ajoutait même : « Pourvu que Monsieur de Morny ne soit pas parti fâché ! » Deux heures de « mondanité » – mais mes hôtes n'étaient pas bien terribles, tu sais. Je suis seulement, moi, fâchée de ce que tu sois repartie par un temps qui devait être affreux. Chère Missy je t'embrasse et je te dis à bientôt.

Colette

125

[janvier 1934]

Chère Missy, je me plaignais de mon côté de ne plus te voir. Si nous nous plaignons chacune de notre côté, nous ne nous rencontrerons plus ! Ma vie a été infernale, je souffle un peu aujourd'hui (au moment où je t'écris cette phrase, un cycliste du *Journal* arrive, me demandant de raccourcir d'urgence mon article à cause de la photo de Sacha qui prend pas mal de place !).

Je reprends. Oui, j'ai dû avaler jusqu'à *neuf* actes par jour, cinq au Th. Français, 4 aux Variétés. Puis arrive un article à faire en 3 heures pour l'*Intran*[1] (il a paru hier, cinéma) naturellement il fallut aussi voir le film, avant la première. Te parlerai-je de mon voyage d'Anvers, (sous une tempête glaciale !) et de celui du Mans ? J'ai passé deux nuits de suite, sans toucher un lit. Etc. etc. etc.

Vois-tu, chère Missy, il ne faut pas être susceptible avec moi. Hier soir je lâchais pied. Ce matin je remonte sur ma bête. Il faut penser que je suis un brave type, et que quand je ne peux pas donner signe de vie à mes amis les meilleurs, c'est moi la plus punie. Je t'embrasse de tout cœur, je te dis à bientôt, et Maurice t'envoie sa respectueuse affection.

Colette

1. *L'Intransigeant.*

126

[fin janvier 1934]

Mais c'est très bien, la torta ! Je ne suis plus malade, et j'y fais honneur, et je te remercie d'avoir pensé à moi. C'est le meilleur nougat que j'aie mangé.

Je me suis emm... ée copieusement hier. Et je recommence tout à l'heure à l'Odéon !! ! On y joue la tragédie de *Tristan et Yseut*[1], – tu penses !

Je t'embrasse, chère Missy, de tout cœur.

Colette

1. Il ne s'agit pas de l'opéra de Wagner mais d'une pièce de l'historien Joseph Bédier (1864-1938) et de Louis Artus (1870-1960). Colette en fait le compte rendu dans *Le Journal* du 21 janvier 1934.

127

La Treille muscate
Route des Cannebiers
Saint-Tropez, Var

[avril 1934 ?]

Mercredi

Chère Missy, tu as dû trouver porte close et silence chez moi. C'est qu'il a fallu nous décider en un instant et partir, Maurice ayant un travail qui l'oblige – il l'a su en dernière heure – à revenir le 23. Presque sans bagages, nous sommes partis à 8 heures du matin. Te dire le froid que nous avons eu jusqu'à St-Tropez... Lyon transi, balayé de vent glacial, la Bourgogne brûlée de sécheresse comme par l'incendie, et dans la nuit de notre arrivée il gelait à moins 7° près de Marseille ! Là, les récoltes de légumes et fruits sont perdues. Ici, lundi et mardi, beau soleil et vent glacé. Trois chandails, boules dans les lits. Enfin ce matin le temps s'adoucit, c'est-à-dire qu'au soleil on grille et que l'ombre est encore froide. Mais quand on pense que ce froid a pris la place, soudainement, d'une chaleur de juin qui a régné ici pendant tout le mois de mars, on enrage un peu. Je jardine pour avoir chaud. Chatte et chienne sont ravies. Nous nous bourrons d'ail, d'oignons jeunes, de fèves crues, d'artichauts crus et de radis. Nos voisins Van der Henst sont arrivés. Comme ils ont passé par Mégève, ils ont eu encore plus froid que nous, Van der H. a dû verser de l'huile chaude dans son moteur !

Paris a-t-il eu froid aussi ? Donne-moi de tes nouvelles, chère Missy. Et excuse-moi d'être partie sans t'avoir prévenue. Notre absence, tu vois, ne sera pas bien longue. Maurice est ton ami affectueux. Et je t'embrasse tendrement.

Ta vieille amie

Colette

128

La Treille muscate
Saint-Tropez, Var

[avril 1934]

Dis-moi comment est ta santé.

Je rentre le onze !

Chère Missy, j'ai laissé passer plusieurs jours sans te donner de nos nouvelles. Mais j'étais tout entier à ma fatigue d'abord, et au printemps du midi ensuite. Jusqu'à Avignon, il y avait bien peu de traces printanières. La saison a éclaté tout d'un coup, en amandiers, en pêchers roses, en jonquilles dans les prés, en feuillages qui ont presque la couleur de l'or, quand l'or est vert. Ici, mes jeunes arbres de Judée, la glycine, les poiriers, les premières roses, tout est en fleur. Dans un pré voisin il y a une longue voie lactée de pervenches à peine bleues. C'est bien beau. Ça ne change rien à mon mal, d'ailleurs ; mais j'y pense moins, et en quelques jours j'ai rattrapé mes globules rouges. Pendant trois jours, ça a été l'été. Ce matin à cinq heures, il tonnait ! Voici de nouveau le soleil. La chatte est folle, elle ne fait que danser. Mais la maison est froide, et malgré le chauffage j'ai du feu dans la seule cheminée qui marche, dans ma chambre. Les hirondelles, en petit nombre, sont ici. En prévision du retour d'un couple qui a fait son nid sur un petit plafonnier électrique l'an dernier, on laisse la fenêtre ouverte, le nid est intact.

J'emploie Maurice aux travaux pour lesquels il est le moins fait : il arrose de pétrole des petites flaques et les fossés plein d'eau, et il déterre cent mille bulbes de narcisses qui ont envahi une partie du jardin. Chère Missy, je t'ai donné toutes les nouvelles les plus urgentes, comme tu vois. La mer est glaciale, et je m'abstiens – sans peine ! – d'y entrer. Je t'embrasse de tout mon cœur, et Maurice est ton ami très dévoué

Ta vieille amie

Colette

129

[Paris, 26 avril 1934]

Chère Missy, voilà deux fois que tu viens sans me trouver ! tu as beau avoir laissé, de ton passage, une trace où je te reconnais – les gros chocolats – cela ne me dédommage pas entièrement. Je viens de passer ce que j'appelle des journées idiotes. Inauguration d'une exposition des illustrateurs de mes livres[1] : photographes, micro, petit speech obligatoire devant le micro. Tu sais que cet appareil vampire n'est jamais content la première fois, et qu'il y a toujours des autobus qui voilent l'enregistrement... Journée fichue. Le lendemain : inauguration d'une exposition de livres, rive gauche : Herriot[2] et F. de Tessan[3] comme officiels. Sunlights (j'en ai encore la tête rompue). Photographes : poses bras dessus bras dessous avec les officiels. Départ des officiels, re-photos. Micro, obligation de dire quelques mots etc, etc, (voir plus haut). Journée en miettes. À 6 heures, présentation de *Lac aux Dames*, ô miracles, embouteillage, longue séance, puis banquet à 9 heures chez

1. La Galerie de Paris organise fin avril une exposition consacrée à Colette : photos et manuscrits de l'écrivain et œuvres des artistes qui ont illustré ses livres (André Dunoyer de Segonzac, André Dignimont, Marcel Vertès, Jean-Émile Laboureur...).

2. Édouard Herriot (1872-1957), grand admirateur de Colette, fera notamment partie du comité des « Amis de Colette » créés par Maurice Goudeket en 1936 avec le soutien du célèbre libraire et bibliophile Pierre Bérès.

3. François de Tessan (1883-1944), membre du parti radical, fut de nombreuses fois sous-secrétaire d'État pendant l'entre-deux-guerres.

Laurent[1]... Et tu crois que c'est une vie ? Pas une vie pour moi. De sorte que nous voilà à jeudi et tout mon article est à faire. Allons-y. À grands coups de pied dans le derrière naturellement.

Pauline m'a dit que tu avais un clou à la nuque. Année de furoncles et de névrites, je ne rencontre que des névrites. Et je viens de m'envoyer une éclaboussure d'encre juste au bout du nez ! Si tu me voyais ! Je t'embrasse, chère Missy et j'espère que je te verrai bientôt ?

Ta vieille amie

Colette

1. Le célèbre restaurant Laurent qui borde les jardins du rond-point des Champs-Élysées.

130

[1934]

Chère Missy, merci mille fois pour la colle fluide à l'éther. C'est magnifique ! Mais tu nous as bien empoisonnés avec le petit truc du décapité ! Moi d'abord, Maurice ensuite, nous avons passé là-dessus un temps... ! Enfin, en regardant le trou, j'ai vu que le sabre ne *passait pas* devant le trou ! Mais il nous a fallu des heures pour découvrir le truc. C'est d'une ingéniosité étonnante, et basé sur la grossièreté de nos sens, qui croient percevoir ce qu'ils ne perçoivent pas. C'est très joli. Je croyais te voir hier, et ne t'ai pas remerciée en pensant que tu viendrais. Je suis embarquée dans un travail sur scénario [1], – et je me maudis d'avoir accepté.

Je t'embrasse, chère Missy, et je compte te voir incessamment.

Ta vieille amie

Colette

1. Il s'agit peut-être du scénario de *Divine* (1935) réalisé par Max Ophüls.

131

La Treille muscate
Route des Cannebiers
Saint-Tropez, Var[1]

[avril 1935]

Chère Missy, excuse-moi d'être partie sans crier gare. Il a fallu que je me mette précipitamment d'accord avec la direction du *Journal*, que je leur démontre le vide des théâtres, la déplorable qualité des pièces, ma fatigue, etc. Enfin j'ai obtenu ma quinzaine de vacances et nous sommes partis le surlendemain, c'est-à-dire samedi matin à 8 heures, avec chatte et chienne, puisque Pauline va voir sa famille à Pâques. Entre temps (le 3 avril) nous nous sommes mariés à la mairie du VIIIe, en quinze minutes exactement, avec Luc-Albert et Van der Henst pour témoins[2]. Maurice s'est si bien démené qu'il a pu éviter la publication des bans. Nous avons décidé, papiers d'identité en mains, le 29 mars, que nous devions être mariés le 4 avril. Tu vois que ça n'a pas été long. Et le secret a été si bien gardé que personne ne le saurait, s'il n'avait fallu, à cause des passeports à fournir pour le premier voyage de « La Normandie » déclarer notre identité.

Le printemps est fleuri, ici, d'une manière générale.

1. En-tête manuscrit.

2. Colette devait couvrir le voyage inaugural du paquebot *Normandie* du Havre à New York, le 29 mai 1935. Mais les prudes États-Unis ne toléraient pas qu'un couple non marié partage la même chambre. Colette et Maurice Goudeket ont donc régularisé leur union en se mariant le 3 avril 1935.

Je contemple tout ce dont l'été me prive, je me repais des torrents de glycines, et des roses. Et surtout je me détends. Les derniers jours de Paris ont été pénibles. Et je reviens, nous revenons le 1er mai. Si tu m'écris, ne fût-ce qu'une fois, tu me feras un grand plaisir. Cher Missy, je t'embrasse de tout mon cœur. Ton doublement neveu Maurice me charge pour toi de son respectueux et affectueux souvenir et je suis toujours ta vieille amie.

Colette

132

[*Lettre incomplète*]
La Treille muscate
Route des Cannebiers
Saint-Tropez, Var

[août 1935]

Mardi matin

Bonjour, chère Missy. Nous avons été contents de recevoir de tes nouvelles. Ton écriture ne vieillit pas. Elle reste ferme et régulière. Les cyclones ne la troublent pas ! Je t'écris parce qu'il fait le plus beau temps du monde, et que je trouve extrêmement injuste que tu ne profites pas de cet été privilégié. Un temps si léger ! Nulle part à l'ombre je n'ai pu rester sans me couvrir. La couleur des matins est impossible à peindre. Si par hasard tu as lu mon « Journal » dimanche dernier, sache que je n'ai rien inventé[1]. Encore hier soir, un sphinx des pétunias (vert et violet et le bout de toutes ses pattes blanches, et des antennes roses transparentes, une merveille) est resté sur ma main pendant que je mangeais, très longtemps. Les petits rossignols sont partis sains et saufs. En arrachant les pommes de terre, ma gardienne[2] a trouvé quatorze œufs d'un blanc de neige, des œufs de couleuvre. Elle n'en avait jamais vu et

1. Il s'agit du texte intitulé « Un serpent dans la cuisine » paru dans *Le Journal* le 4 août 1935.
2. Mme Lamponi.

disait que c'étaient des œufs de courtilière ! mais les petits serpenteaux étaient déjà formés dedans.

Je me dis toujours que si l'affaire Primerose s'arrangeait, tu devrais chercher par ici une « maison des vignes » comme il y en a beaucoup, et qui comportent généralement deux pièces – dont l'une avec âtre ou fourneau – et un puits. Elles sont coiffées de quelque platane ou mûriers, certaines sont encloses. Elles ont un banc sous les platanes, parfois une pompe. Mes amis Luc-Albert en ont une, qu'ils ont un peu arrangée, ils sont ivres de joie. Tu comprends, ce n'est jamais une « villa », il ne faut pas que ce soit une villa. On y passe huit jours ou huit semaines [...]

133

La Treille muscate
Route des Cannebiers
Saint-Tropez, Var

[août 1935 ?]

Mardi soir

Un très beau, – un jour pluvieux ; – un jour très beau etc. etc. Voilà chère Missy, le bulletin météorologique. Mais nous avons commencé par geler, littéralement. Aujourd'hui c'est le bon jour, une tiédeur merveilleuse, soleil et fleurs. Saint-Tropez et les autres petits ports sont admirablement vides, le pays retrouve tous ses charmes. Pas d'autre Parisienne que Mme de Comminges[1] qui s'est établie ici « pour toujours » – c'est-à-dire jusqu'à ce qu'elle en ait assez. Elle a un petit logement au port, et elle fait du tricot. Le tout semble lui réussir, elle a bien meilleure mine.

Souci est heureuse, la chatte galope et grimpe comme un chaton de six mois. Tu serais épouvantée de notre consommation d'oignons nouveaux ! Nous y joignons celle de la fève crue, des radis et des petits artichauts violets. Quand à la mer, personne n'y songe, sauf pour l'admirer. Chère Missy, ceci est une bien petite lettre, mais notre vie est – sauf le travail – sans événements. Ce n'est pas que nous nous en plaignons, au contraire !

1. La Panthère, devenue l'amie de Colette, s'est installée à Saint-Tropez.

Avant-hier matin, comme je regardais le beau paysage en appuyant mon menton sur le parapet, c'est au bout d'une très longue minute que j'ai découvert, en baissant les yeux, tout près de mon menton, un magnifique lézard vert, qui n'osait pas bouger. Je te jure qu'il est parti sur la pointe des pieds, très doucement, sans courir, et persuadé que je ne l'avais pas vu.

Chère Missy, nous revenons le 30. Impossible, hélas, de tarder davantage. Je t'embrasse de tout mon cœur, et Maurice est ton ami très dévoué et affectueux.

Colette

134

[La Treille muscate, été 1936]

Chère Missy, un mot pour te demander de tes nouvelles, et pour t'en donner des nôtres. Le terrain est acheté, à 5 F 42 le mètre carré, on nous en a demandé 25 F il y a trois ou quatre ans. Et nous avons trois ans pour payer. On se décarcassera.

Ce qui est curieux, c'est que personne n'a pu me donner de renseignements sur les fameux achats de terrain et travaux gigantesques. L'autre jour quelqu'un me dit : « Eh bien, on va vous en faire, des travaux sur votre côte ! » Vite je réclame des informations et le Parisien me répond : « Mais je ne sais pas ! J'ai entendu dire : "Eh bien on va en faire, des travaux sur la côte !" ».

Le peu que j'ai pu savoir, c'est que les « travaux » se feraient du côté de la Bouillabaisse, côté opposé au nôtre, et éloigné d'ici. Le nouveau maire, Volterra [1], a débuté, dit-on, par un échec devant le conseil municipal, en proposant un nouveau port où seraient relégués les bateaux pêcheurs, tandis que le quai actuel serait réservé aux yachts élégants. Il a eu un de ces succès...

Un grand projet, ancien, renaît de temps en temps de ses cendres, et y retombe, c'est le projet de changer

1. Léon Volterra, imprésario et directeur de théâtre très influent, possédait entre autre le Casino de Paris, le Théâtre de Paris, le Théâtre Marigny et le Lido. Il avait découvert Saint-Tropez à peu près à la même époque que Colette et acheté un château à Ramatuelle. Il devint maire de Saint-Tropez en 1936.

le chemin de côte (charmant, entre la mer et nous, et qui se perd en sentier à partir de la forêt) en route de corniche qui ferait le tour de la presqu'île... Voilà tout ce que je sais, chère Missy. Le notaire est muet, ou – ignorant.

Sur notre chemin de côte, il y a, à vendre, une grande prop^{té}, le Clos St Pierre, puis un adorable ancien bastion, aménagé adroitement, petit, enfoui sous la végétation, pourvu d'un puits intarissable dans le granit, abrité de tout vent froid, eau chaude, vue et bain magnifiques. Naturellement, cher. Les terrains du Clos St Pierre sont, je crois, avantageux. Mais je pense qu'il s'agirait d'une spéculation à longue échéance ; si l'homme que tu connais a de la foi et de la patience, il pourrait essayer... Maurice va chez le notaire cette semaine, s'il en rapporte quelques tuyaux, je te les donnerai.

Chère Missy, comment supportes-tu cet été encore une fois parisien ? Ici, il a fait un temps incomparable, une chaleur que l'ombre suffit à tempérer, et des soirées qui imposent l'usage de la cape et de la couverture. Ah ! si tu pouvais avoir une petite maison par ici ! Je m'imagine que tu t'acclimaterais très bien à l'été provençal.

Tout notre petit groupe [1] est paisible et travailleur, tous te connaissent plus ou moins, et me chargent de t'envoyer leur souvenir amical, surtout Moune et

1. Les peintres Luc-Albert Moreau et André Dunoyer de Segonzac, les comédiens Louis Jouvet, Pierre Renoir et Valentine Tessier et plus tard l'écrivain Léon-Paul Fargue, formaient avec Colette la colonie des artistes qui séjournaient à Saint-Tropez.

Luc, qui sont ravis de leur maison-jouet. Ils te la raconteront. La Chatte est une beauté, elle fait une cure de lait à hautes doses. Si tu as lu le *Serpent dans la cuisine*, dans le *Journal*, sache que je n'ai rien ajouté à la vérité, cette couleuvre ne voulait pas sortir. Souci[1] a profité d'un jour où je nageais un peu longtemps pour prendre une insolation. Depuis elle ne va à la plage qu'avant 8 heures du matin. Elle a eu de la fièvre et de la congestion. St Tropez est lamentable à cause des « estrangers[2] », je ne les fréquente pas.

Nous t'embrassons, chère Missy, de tout notre cœur, et nous attendons une petite lettre.

Ta vieille amie

Colette

1. Souci, la chienne bouledogue de Colette, meurt, tout comme la Chatte, en 1939, laissant Colette inconsolable. Elle ne reprendra plus d'autres bêtes.

2. Dans *Belles saisons* (1945), Colette décrit les nuisances provoquées par l'invasion des « estrangers » en Provence.

135

La Treille muscate
Route des Cannebiers
Saint-Tropez, Var

[juillet 1936[1]]

Chère Missy, le voyage fut bon et la chatte au-dessus de tout éloge. Le Midi n'est que verdures, fleurs, oiseaux, cigales. Il a beaucoup plu cette année et tout est frais. Je te communique les grandes découvertes de l'arrivée, du moins celles qui sont de nature à t'intéresser. L'« oiseau de l'arrosage » est un emm... eur. Il voudrait, et sa femelle aussi, qu'on arrose toute la journée, pour se baigner dans le jet. Note qu'il a de l'eau à sa disposition près du lavoir. Mais il est de nature aquatique et très gentil. Mais le grand événement de la saison, c'est un couple de rossignols de murailles (???) qui a fait son nid dans le bois, à ras de terre, entre les tiges d'un laurier-rose[2]. Il y a trois petits, qui vont partir (si aucune bête ne les tue...) bien emplumés, très foncés. Ma gardienne jardine à côté d'eux, leur met une touffe de foin sur la tête pour les garder du vent et du soleil, ni les parents ni les petits ne s'en formalisent. N'est-ce pas joli ? Chère Missy je t'écrirai chaque fois que des prodiges du même ordre se manifesteront. Que ne sommes-nous tous à même d'habiter un endroit écarté du genre

1. Mention manuscrite : « rép. 25 juillet »
2. Colette reprend ce menu événement dans « Misanthropie », un texte paru dans *Le Journal* du 2 août 1936.

humain ! Les papillons sont magnifiques. Nous t'embrassons de tout cœur.

Colette

Ce ravissant dessin te montre que des oiseaux peuvent être aussi imprudents que des hommes[1].

1. En bas de la lettre, Colette a fait un petit croquis du couple de rossignols évoqués plus haut.

136

La Treille muscate
Route des Cannebiers
Saint-Tropez, Var

[début avril 1937]

Vendredi matin

Ma chère Missy, si je ne t'écris pas ce matin, je sens que le moment arrivera où je te porterai moi-même ma lettre ! Le temps passe vite, ici. Et le travail n'y est pas facile, car il fait beau. Pâques cette année nous dédommage de quelques autres Pâques. C'est un temps merveilleux, bleu et or, un soleil qui vous marque son passage sur la peau en deux heures, et un printemps moins ouvert peut-être que l'an dernier, mais si fleuri ! Les couleurs de ce pays valent bien le voyage que nous avons, c'est-à-dire six cent cinquante kil. de pluie incessante, – et le beau temps après. Quoique nous y soyons bien habitués depuis 13 ans, ce passage presque brusque du mauvais temps au temps radieux nous soulève d'enthousiasme. C'est réellement, à partir d'Avignon, un autre monde, un climat où les gens rient et bavardent au soleil. La chatte en voyage a battu tous les records de gentillesse, d'intelligence et de bonne humeur. À Lyon où nous couchâmes, j'aurais voulu que tu la voies, *courant* dans les couloirs à la suite de l'homme qui vous conduit aux chambres. Elle descend dans tous les restaurants où nous faisons halte, mange un peu, se repose, se lave. Tu ne reconnaîtrais pas la petite chatte grise qui dort à Paris à côté de moi. Ici elle retrouve la vie qu'elle aime, et elle accourt au moindre appel en galopant.

Les nuits sont froides, naturellement. Mais quels beaux jours ! La colline de Borély, à vingt minutes d'ici, est couverte de cistes en fleurs, de sauges violettes, de mimosas (les derniers de l'hiver), de bourraches plus bleues que la mer. Mes mimosas des 4 saisons ne connaissent pas d'arrêt et embaument. Je voudrais tant que tu puisses connaître ce coin aimable, et ma petite – trop petite maison.

Il faut quitter tout cela lundi, Maurice doit être à Paris mardi soir. Ne nous lamentons pas inutilement ! Je t'embrasse, chère Missy, de tout mon cœur, et Maurice aussi. Je sais qu'il a fait très froid à Paris, et j'espère que tu n'en as pas trop souffert ?

Ta vieille amie

Colette

Souci est en chasse !!!

137

15 août [1937]

Chère Missy es-tu mieux ? Les charnières crient-elles moins ? Le pouce a-t-il sa cuirasse de cuivre ? Je te vois d'ici absorbée par les deux petits oiseaux. Tu vas leur enseigner un tas de choses... et on te les reprendra. Nous travaillons toujours plus ou moins pour les autres. Cela me fait penser à ma fille. Tu sais combien elle est gentille avec moi, à Paris, et prévenante et même respectueuse. Quand je m'éloigne, quand elle s'éloigne, plus personne. Nous sommes partis le 15 ou le 16 juillet. Aujourd'hui 15 août, je n'ai encore reçu d'elle ni une carte, ni une lettre, ni un télégramme. Une autre année elle est restée neuf semaines sans me donner un signe. Qu'elle arrive ici et elle sera de nouveau un amour... C'est par Bertrand de Jouvenel[1], de passage ici, que j'ai appris que Castel-Novel était adjugé à Madame *veuve* de Jouvenel[2]. Il n'en savait pas davantage.

Il y aurait un peu de cruauté de ma part à te dire que je voudrais te voir ici. Le mistral est levé, succédant à quelques jours exceptionnels, de chaleur

1. Bertrand de Jouvenel (1903-1987) était le fils d'Henry de Jouvenel et de Claire Boas. Colette fit sa connaissance en 1920, et de 1921 à 1925 elle entretint avec son jeune beau-fils une liaison tendre et amoureuse qui fut probablement une des plus marquantes de sa vie. Elle la transpose dans *Le Blé en herbe* (1923).

2. Suite au décès d'Henry de Jouvenel en 1935, la propriété familiale de Castel Novel à Varetz fut vendue lors de la succession. Ce n'est pas Germaine Louis-Dreyfus, la dernière épouse d'Henry de Jouvenel, qui acquit la maison mais sa fille, Arlette Louis-Dreyfus, l'épouse de Renaud de Jouvenel.

sévère. La chaleur ici n'est intolérable que par calme plat, et sans brise. C'était assez dur. On prolongeait le bain, et on s'envoyait un coup de lance d'arrosage de temps en temps. Les nuits étaient extraordinaires, sans l'ombre d'un souffle, et le sommeil difficile. Mais nous voici en plein mistral déchaîné, et à cause du rafraîchissement, toute la maison, tout le voisinage ont dormi, malgré le vent, jusqu'à près de huit heures, ce qui est une sorte de scandale.

Pauvre Maurice est au supplice depuis presque quinze jours. Une molaire couronnée, et non dévitalisée, le rend enragé. Impossible d'y toucher avant l'arrivée de Van der Henst. Enfin il est ici, et ils viennent tous les deux de partir pour St-Tropez, où Van der va tâcher d'ouvrir la dent, de remplacer un mal par un autre, etc, etc...

Je ne mets pas les pieds à St-Tropez, pour cause. C'est inimaginable. Rien que la maison Sénéquier[1], à sa terrasse qui couvre 1/3 du port, vend plus de *2 000* apéritifs par jour. Juge du reste !

Souci fait sa cure de raisins, et de melon. La chatte ne mange que les melons blancs. Mes petites camarades Moune et Véra ne sont pas encore bien remises d'une grippe du pays, qu'elles ont prise dès leur arrivée, et qui est assez tenace. Véra avait encore fièvre et nez bouché hier. Tu ne connais pas le dernier petit matou de la chatte de Moune, Beau-Garçon. Il est beau à ravir, âgé bientôt de 3 mois, et il découvre la belle vie, il grimpe, et il était hier mollement

1. La célèbre brasserie Sénéquier fut une des premières à ouvrir dans les années trente une terrasse sur le port de Saint-Tropez.

étendu tout de son long sur... une branche grosse comme un gros fil de fer. Équilibre miraculeux des chats !

Voilà une longue lettre. Elle te prouve mon envie de causer avec toi, de tout et de rien. Je crois que nous ne pourrons pas rester jusqu'au 15 septembre. Pitoëff[1] a mis en répétition, la pièce anglaise de Priestley, traduite par Maurice[2], alors... Chère Missy, je t'embrasse. Toute la colonie se rappelle très affectueusement au grand « ami ». Donne-moi de tes nouvelles, fût-ce en quelques lignes. Je sais qu'il a fait chaud à Paris et tu n'aimes pas cela. Je suis toujours de tout cœur ta vieille amie.

Colette

1. Georges Pitoëff (1884-1939) avait pris la direction du théâtre des Mathurins en 1935.

2. Il s'agit de la pièce *Des abeilles sur le pont supérieur* de l'écrivain anglais John Boynton Priestley (1894-1984), qui figure au programme 1937-1938 de la compagnie Pitoëff et sera montée au théâtre Mathurins-Pitoëff.

138

La Treille muscate
Route des Cannebiers
Saint-Tropez, Var

[fin août 1937]

Dimanche matin

Chère Missy, je ne t'écrirai plus avant mon retour, car Maurice vient me chercher (il a laissé la Ford ici) jeudi ou vendredi et nous partons aussitôt. Nous comptons être à Paris dimanche soir. L'eau salée va me manquer terriblement, – entre autres choses. Il fait ce temps de septembre qui semble devoir durer toute l'année, tant les journées sont égales et parfaites. Songe qu'en deux mois nous n'avons pas eu un coup de mistral ! Un seul soir il a fait semblant de se lever, et il s'est recouché tout de suite. Température, couleurs, pureté, argent du matin, tout est pareil à un très beau songe tranquille. On vendange dans toute la région.

Tu me présenteras à tes deux élèves serins ? Te voilà comme ma vieille amie Lady Wesmacott, qui ne sort plus à cause de sa perruche. Les fils que nous nous mettons à la patte sont plus vite noués que dénoués !

Maurice est à Paris depuis une dizaine de jours, il y travaille comme un enragé à la pièce anglaise qu'il a traduite et adaptée et qu'il faut répéter chez Pitoëff doit passer avant huit jours. Et ce n'est qu'une partie de son activité. Chère Missy, je t'embrasse, je suis contente de te revoir bientôt. Mais je suis moins contente de revoir Paris... Pauline est dans sa famille, en Corrèze. Moune, Luc et la petite Véra, tous ceux que tu connais se rappellent amicalement à toi, et je suis

Ta vieille amie

Colette

139

La Treille muscate
Route des Cannebiers
Saint-Tropez, Var

[14 juillet 1938 [1]]

Chère Missy, tu seras gentille de me dire si tu as reçu, avant celle-ci, ma première lettre ? J'ai dans l'idée qu'elle a été perdue sur le chemin, emportée par le vent (un seul jour de mistral) qui a dispersé en même temps, hors de la voiture, des journaux qui n'ont pu être retrouvés et une lettre (ouverte) que je venais de lire. Ce n'est pas que ma première lettre contînt des choses importantes ! Pas plus que celle-ci, qui ne peut que célébrer le beau temps, véritablement tel qu'on le rêve, fraîcheur et chaleur, abondance de verdure et de figues. D'ailleurs je reconnais que la figure de la Bretagne quand elle mûrit, et celle du Limousin, ont une saveur plus fine. Sauf en ce qui concerne la petite figue exquise, dite de Marseille. Tu reconnais là ma gourmandise, – que d'ailleurs tu entretiens !

Il y a toujours les beaux lézards verts. Et l'oiseau qui t'attendrirait, un beau rouge-queue (c'est son nom) tout roux, qui habite la Treille depuis des années. Mais les autres années il avait sa femelle. Depuis l'an dernier il est solitaire, et s'attache à nous. Il nous suit partout, ne cesse de dire « hui, hui, errr, errr » et je pense qu'il est triste.

1. Note de la main de Missy au crayon bleu : « répondu le 19 juillet 1938. Le jour de l'arrivée du Roi et de la Reine d'Angleterre. »

St-Tropez est déjà plein. Et ce qui est arrivé n'est rien auprès de ce qui arrivera. Pauvre pays si beau, qu'on rend inhabitable ! Les bêtes du moins y sont heureuses. La chatte a repris du goût pour un horrible chat blanc, et ils remplissent le jardin de cris d'amour. Après quoi Souci sera en chasse. Charmante perspective. Nos voisins ne sont pas encore là. Ni Véra, ni Moune, ni Luc. Ni ma fille. Celle-ci, malgré ses protestations et repentirs, ne m'a pas donné signe de vie. Maurice sera à Paris dimanche (pour la radio) de onze heures du matin à 5 heures du soir ; deux nuits en chemin de fer. Chère Missy, dis-nous si ta santé est bonne, et si le 14 juillet – aujourd'hui – ne t'emm... nuie pas trop. Nous t'embrassons, tous deux, de toute notre tendre amitié

Ta vieille amie

Colette

140

Grand Hôtel de la Pointe des Pois
Camaret-sur-mer
Téléphone 14
R.C. Châteaulin 412

Camaret-sur-mer [1], [début juillet 1939]

Chère Missy, tu vois où nous sommes. Pas une place à Morgat ! Ne nous plains pas trop, le pays est bien beau. Ici et alentour d'ici, c'est du vent et du rocher. Mais descends dans les innombrables criques, les figuiers y sont plus beaux que dans le midi, les arbres et les fleurs de même. Ce matin Maurice nous a conduits à Roscauvel, connais-tu ? Une oasis de tout ce qui est frais, la végétation s'arrête juste à la mer, et toutes les clôtures sont faites en fuchsias (1) ! Je pousse des... Oh ! et des Ah ! chaque fois que j'en ai l'occasion. D'ailleurs le merveilleux Roscauvel est, comme beaucoup d'endroits très fertiles, sur de la vase. Mais quelle folie de verdure et de fleurs ! Devant Roscauvel la mer est semée d'îles habitées, et naturellement le vieux rêve d'avoir une île ressuscite.

Arrivés par un orage diluvien, nous voyons revenir le beau temps. Mais tous les lainages trouvent leur emploi. J'avais grand besoin de ce coup de fouet. Je crois que tu n'aimerais pas beaucoup ce vent du tonnerre de Dieu. Regarde comme Camaret est gentil. Mais l'hôtel est isolé, sur l'autre versant de la

1. La villa que Colette et Maurice Goudeket ont achetée à Méré, près de Montfort-l'Amaury, a été réquisitionnée. Ne pouvant y emménager, ils passent quelques jours de vacances sur la côte bretonne.

presqu'île, à 2 k. de Camaret. Un grand hôtel rustique et sans grâce, mais pas désagréable. Hélas, pas un seul coquillage sur ces plages ! Jusqu'à présent il n'est pas question de bain. Maurice est ton affectueux et respectueux ami, il espère, comme moi, que ta santé est toujours d'aplomb. Chère Missy je t'embrasse de tout cœur. Cette nuit je pensais que tu aurais trouvé beau, vers 9 heures du matin, un scandaleux clair de lune d'une pureté absolue, et son reflet sur la mer qui se calmait

Ta vieille amie

Colette

(1) Rouges !

141

9, rue de Beaujolais
GUT. 61-36

[hiver 1939]

Mardi

Chère Missy, un mot pour ne pas interrompre la conversation : un mot assez vide, notre vie ne change guère. Maurice est toujours là ; nous travaillons. Les nuits froides arrivent, es-tu assurée de pouvoir te chauffer ? Nous avons pu rendre visite aux Luc-Albert-Moune, qui ont renoncé à Paris pour le moment. Ce beau temps d'automne, ce soleil réconfortant rendent l'idée de la guerre encore plus haïssable. Je vois ma fille plus souvent qu'en temps de paix et je ne m'en plains pas. Elle fait « phalanstère » avec deux amies [1], pour réduire la dépense et garder la bonne humeur, puisqu'elle n'a pas d'emploi actuellement.

Tu sais que la concierge, ici, est « coriace de la feuille », c'est-à-dire qu'elle est sourde. Hier soir à 10 heures, émotion : les agents sont montés pour lui intimer l'ordre d'éteindre la minuterie, qui bien que faible, est visible de la rue. Elle écoute, n'entend pas, dit « oui, Monsieur l'agent, oui, Monsieur l'agent », et quand ils ont fini leur réprimande, elle s'empresse :

1. Depuis le début de la guerre, Colette de Jouvenel s'est installée dans le château de Curemonte, en Corrèze, en compagnie de Sonia Batcheff et de Françoise de Tinan.

« Attendez, Monsieur l'agent, vous n'y voyez pas pour descendre, je vais vous allumer la minuterie ! »

Dans beaucoup d'immeubles, les matinées et les soirées permettent déjà aux locataires de s'apercevoir que... ils n'ont pas de cheminées...

Cher Missy, nous pensons bien souvent à toi : Soigne ta santé. J'appelle toujours la maladie « la pire incommodité ». Maurice et moi t'embrassons de tout cœur

Ta vieille amie

Colette

Les Luc m'ont chargée de toutes leurs amitiés pour toi.

Pauline se rappelle respectueusement à ton souvenir.

142

9, rue de Beaujolais
GUT. 61-36

[février 1940]

Chère Missy, je ne sais pas quand cette lettre écrite mardi soir 19, te parviendra. Les courriers traînent encore un peu en route. Je suis bien contente de te savoir en sûreté et avec un entourage sympathique. Maurice, pas encore mobilisé (je touche du bois) fait mille besognes journalistiques. Moi... je continue. Paris, très calme, se peuple de gens qui reviennent. Je ne dis pas qu'ils aient raison. Mais si on veut dans quelques jours les obliger à repartir, ils ne voudront jamais. Pour moi qui ai goûté deux fois de la cave pour ne pas ennuyer Maurice, on ne m'y reprendra guère. C'est très joli de murer toutes les issues. Mais la rapidité avec laquelle l'air se vicie est le pire danger. Certains gibiers « préfèrent » être mangés rôtis et d'autres à l'étuvée. Je suis le gibier pour cuisson courte. Autour de nous, nous faisons ce que nous pouvons. Sache que dans la maison, trois personnes, sans argent ni emploi, se laissaient discrètement mourir de faim. Que ces choses là soient possibles, ça me met l'esprit à l'envers. Songe qu'il n'y a plus que nous comme « locataires sérieux » dans la maison. Un de ces jours je vais devenir chef de popote !

Non, rien à faire avec la petite maison de Montfort. Inhabitable pour la durée de la guerre. Tu as joliment bien fait de quitter Paris. Un tas de propriétaires d'immeubles s'apprêtent à ne pas les chauffer. Mais il est possible qu'on les y contraigne, car le charbon ne manque pas. Rien ne manque. Nous avons payé hier 18 F un poulet qui en coûtait 28 une semaine plus tôt.

Nous avons dîné dimanche soir avec Henry Bernstein [1] et Ève Curie [2]. Il supporte la guerre avec impatience. Sa nouvelle pièce et son nouveau théâtre étaient prêts tous les deux ! Moune Morhange et Luc habitent leur maison des Mesnuls. Mais les voilà désolés : on réquisitionne leur petite Peugeot ! Luc a une jambe fichue et ne peut pas marcher, aux Mesnuls ils sont à 2 km de tout approvisionnement...

Nous, nous n'avons pas de nouvelles sensationnelles, chère Missy. Le plus difficile c'est d'avoir de la patience. As-tu emporté des vêtements chauds ? Puis-je t'être utile de quelque manière que ce soit ? L'air de la mer t'est-il agréable ? Je t'écrirai souvent, ne m'en veuille pas si ce sont des lettres courtes. Je vais t'envoyer des journaux, – mais ils ont beaucoup maigri ! Nous t'embrassons tous deux de tout cœur, pense à m'écrire ne fût ce que par cartes postales

Ta vieille amie

Colette

1. Le dramaturge Henry Bernstein (1857-1953) venait d'acquérir le théâtre des Ambassadeurs où il fit représenter sa pièce *Elvire* au mois de février 1940. Après la défaite française, il quitta la France pour les États-Unis.

2. Ève Curie (1904-2007), la fille cadette de Pierre et de Marie Curie. En 1940, elle rejoignit l'Angleterre et devint correspondante de guerre pour des journaux américains.

143

Hôtel Ruhl
1, Promenade des Anglais
Nice[1]

[27 février 1940]

Mardi

Chère Missy, j'ai laissé passer bien des jours sans t'écrire, excuse-moi. C'est que, comme il fallait s'y attendre, je me suis trouvée très privée de forces en arrivant. Malgré le beau temps, je ne voulais que ma chaise-longue dans ma chambre et l'oisiveté. Pendant trois jours je ne suis sortie que pour me nourrir. Il a fallu plus d'une semaine pour que je me sente redevenir une « personne naturelle » et que je m'intéresse aux choses extérieures. Ma fille est repartie pour Paris. J'ai ici quelques camarades, dont je n'abuse pas d'ailleurs.

Je pense que tu prendrais du plaisir à ce marché aux fleurs, toujours varié, et où on finit par ne plus acheter de fleurs, parce qu'on sait bien que ce n'est pas une botte d'œillets, un paquet d'anémones ou de tulipes, que l'on aime, mais le marché tout entier, ces bancs d'œillets, ces bosquets de branches d'amandiers, ces bastions de mimosas, et ces monceaux de bouquets de violettes qui chose étrange sentent la violette.

Aurai-je de tes nouvelles ? Une petite carte-lettre

1. Colette, fatiguée et souffrant d'arthrite, se repose à Nice du 20 février au 14 mars 1940.

me ferait beaucoup de plaisir. Figure-toi que mon vieux frère est encore vivant[1]. Il paraît qu'avec le rythme, ralenti à l'extrême, de son cœur, la prolongation de sa vie est paradoxale. J'espère avoir demain des nouvelles de lui par ma nièce[2].

Chère Missy, je pense à toi bien plus que je ne le manifeste. Ces journées printanières dont Maurice me parle, te sont-elles agréables ? Maurice se met dans le travail jusqu'aux yeux, pour pouvoir passer quatre jours ici et me ramener.

Je t'embrasse, chère Missy, et je suis de tout cœur ta vieille amie

Colette

1. Léopold Colette mourut quelques jours plus tard, le 7 mars. Dans *Journal à rebours* (1941), Colette écrivit : « Mon frère [...] fit bien de mourir car, malade, il n'eût pu fuir, ni supporter ce que l'invasion eût exigé de lui, c'est-à-dire la connaissance et la conscience du temps présent. Entre aujourd'hui et hier, il avait depuis longtemps opté. »

2. Geneviève Viot (1899-1962), née Robineau-Duclos, la fille aînée d'Achille, avait recueilli son oncle à Bléneau, en Bourgogne.

144

[Paris, fin mai 1940]

Chère Missy, la journée a encore passé sans que je puisse aller te voir, et Dieu sait pourtant si je pense au supplice que tu dois endurer. Je ne pense pas que le misérable corps humain puisse endurer pire [1]. Ne te voyant pas venir, j'espérais que tu étais hors de Paris, chez des amis, et je ne te téléphonais pas, étant moi-même mal partagée, en proie au travail, aux rayons X pour ma hanche (je ne peux pas du tout marcher ces temps-ci) et à des histoires dentaires, qui m'emm... nuient à un point... ce matin dentiste à 10 h 1/2 et les rayons X à quatre heures. Comme disait l'inoubliable Jules ton valet de chambre : « Je vole un cigare, je tue Mme da Costa [2], je fais écraser Poucette – on peut dire que je n'ai pas de chance ! »

Rita me dit qu'on te soigne par piqûres, j'aime mieux cela que des emplâtres. Dès que je peux échapper à mes bourreaux personnels, je vais te voir. Pour te faire sourire un moment, sache qu'une femme m'a dit hier qu'il y avait dans notre 1er arrondissement [3], une épidémie de... ver solitaire ! En fait de distractions, je suis allée parler à la radio (américaine) un matin à 4 h. 10 [4]. Ce n'est pas reposant.

1. Missy souffre d'une forme grave d'urticaire.

2. Allusion à un rocambolesque accident : Mme da Costa, dame de compagnie de Missy, avait été tuée accidentellement par son valet de chambre, Jules, alors que ce dernier nettoyait un revolver.

3. Colette réside au premier étage du 9 rue de Beaujolais, au Palais-Royal, depuis le 5 janvier 1938. Ce sera sa dernière demeure.

4. Au mois de mai 1940, Colette travaille pour la radio Paris-

Mais que Paris était beau, sous le ciel vert et rose, sans une voiture, sans un piéton ! Je suis curieuse de savoir comment on te soigne, et la cause que ton médecin attribue à cet urticaire frénétique. Chère Missy nous t'embrassons de tous nos cœurs. Maurice est un peu plus calme à mon sujet. Il voulait, figure-toi, me faire quitter Paris, sans lui [1] ! Il a entendu des belles protestations !

Ta vieille amie

Colette

Mondial qui diffuse à destination de l'étranger et notamment des États-Unis. Elle lit des textes qu'elle a écrits et qui sont traduits en direct en anglais. Les enregistrements avaient lieu très tôt le matin en raison du décalage horaire.

1. Peu de temps après, Colette et Maurice Goudeket quitteront Paris pour s'installer à Curemonte chez Colette de Jouvenel.

145

Le Parc Méré[1]
Seine-et-Oise
Téléphone 10

[juin 1940]

Chère Missy, il y a donc une semaine que nous sommes ici, – que je suis ici, car Maurice part le matin à 8 h 1/2 et revient le soir 8 h 1/2. S'il n'y avait pas la guerre, cet endroit serait charmant, même avec sa laide petite maison. L'enclos te plairait, j'espère que tu le verras. Il y a une quantité d'oiseaux qui m'enchante. Un seul oiseau peut être gênant, mais le bruit de cent oiseaux on s'y fait. Nous sommes à 38 kil. de Paris, c'est-à-dire que tous les tumultes de la région parisienne sont à portée de l'oreille, et comment ! J'ai à m'excuser de la vilaine manière dont je vous ai reçues toutes deux. Non seulement j'étais ennuyée de partir, mais je souffrais de ma jambe au point de ne plus trop savoir ce que je faisais. Aujourd'hui (samedi) est un très mauvais jour aussi. Si tu voulais m'écrire, ou dicter à Rita, trois lignes où tu me dirais si cet affreux urticaire se calme enfin, je serais contente.

On a fauché le bout de prairie que l'on appelle « la pelouse ». Si tu voyais le contentement des rossignols de murailles à queue rouge ! Et les pinsons, qui leur

1. Colette ne séjournera pas longtemps à Méré. La villa est occupée par un détachement marocain jusqu'à la fin du mois de mai, et le 14 juin Colette et Maurice Goudeket sont contraints à l'exode. Ils la revendent au mois de septembre 1941.

disputent les insectes mis à découvert par la faux ! Un nid de mésangeaux a pris son vol hier, et cela ne se passe pas sans paroles. Tout ce qui n'est pas la guerre est si beau !

La petite maison laide est encore un peu campement ; mais pas désagréable. Et comme nous sommes en haut d'un petit coteau, l'air reste frais. Chère Missy je t'embrasse de tout mon cœur. Maurice souffre de la chaleur à Paris, j'espère que ton appartement garde une température possible ? Excuse-moi auprès de Rita, de qui j'ai eu du plaisir à revoir le beau visage régulier.

À propos de beau visage régulier, qu'est donc devenue Lippa ?

Ta vieille amie

Colette

Bibliographie

Œuvres

Œuvres complètes, 15 tomes, Paris, Le Fleuron, 1948-1950.
Œuvres, 4 tomes, Paris, Gallimard, « Bibliothèque de la Pléiade », 1984-2001.

Correspondances

COLETTE, *Lettres à Hélène Picard*, Paris, Flammarion, 1958. Texte établi et annoté par Claude Pichois.
– , *Lettres à Marguerite Moreno*, Paris, Flammarion, 1959. Texte établi et annoté par Claude Pichois et Roberte Forbin. Introduction par Claude Pichois.
– , *Lettres de la Vagabonde*, Paris, Flammarion, 1961. Texte établi et annoté par Claude Pichois et Roberte Forbin. Introduction par Claude Pichois.
– , *Lettres à ses pairs*, Paris, Flammarion, 1973. Texte établi et annoté par Claude Pichois et Roberte Forbin. Avant-propos, index.
– , *En tournée... Cartes postales à Sido suivi de Notes de tournées*, Paris, Persona, 1984. Couv. ill. : portrait de Colette par René Carrère. Préface par Michel Del Castillo.
– , *Lettres à Moune et au Toutounet (Hélène Jourdan-Morhange et Luc-Albert Moreau), 1929-1954*, Paris, Des femmes, 1985. Couv. : portrait de Colette par Luc-Albert Moreau (1931). Texte établi et préfacé par Bernard Villaret. Chronologie et bibliographie.
– , *Lettres à Annie de Pène et Germaine Beaumont*, Paris,

Flammarion, 1995. Édition établie et annotée par Francine Dugast.
– , *Lettres à sa fille, 1916-1953*, Paris, Gallimard, 2003. Lettres réunies, présentées et annotées par Anne de Jouvenel.
SIDO, *Lettres à sa fille*, Paris, Des femmes, 1984. Couv. ill. : photo de Colette. Préfaces de Bertrand de Jouvenel, Jeannie Malige et Michèle Sarde. Chronologie, bibliographie.

Autres sources

ARMORY (C.-R. Dauriac), *Cinquante ans de vie parisienne, souvenirs et figures*, Paris, Jean-Renard, 1943.
BARNEY Natalie Clifford, *Souvenirs indiscrets*, Paris, Flammarion, 1960.
BONAL Gérard, *Colette par moi-même*, Paris, Ramsay, 1982.
BONAL Gérard et RÉMY-BIETH Michel, *Colette intime*, Paris, Phébus, 2004. Préface de Michel Del Castillo.
BUFFET Eugénie, *Ma vie, mes amours, mes aventures*, Paris, Figuière, 1930.
Cahiers Colette, Société des amis de Colette, 1978-.
CARADEC François, *Feu Willy, avec et sans Colette*, Paris, Carrère, 1984.
CHALON Jean, *Chère Natalie Barney : portrait d'une séductrice*, Paris, Flammarion, 1992.
CLEYRERGUE Berthe, *Berthe ou un demi-siècle auprès de l'Amazone : souvenirs*, Paris, Tierce, 1980.
DAUDET Alphonse, *Le Nabab* (1877), Paris, Alteredit, 2006.
– , *L'Immortel* (1888), Paris, Cartouche, 2007.
– , *Sapho : mœurs parisiennes* (1884), Paris, Flammarion, 2005.
DELARUE-MARDRUS Lucie, *Mes Mémoires*, Paris, Gallimard, 1938.
DEL CASTILLO Michel, *Colette, une certaine France*, Paris, Stock, 1999.
– , *Colette en voyage*, Éd. des Cendres, 2002 (catalogue de l'exposition « Les voyages de Colette », Paris, musée de la Poste, 21 mai - 31 août 2002).

D'HOLLANDER Paul, *Colette : ses apprentissages*, Paris, Klincksieck, 1978.
DORMANN Geneviève, *Amoureuse Colette*, Paris, Herscher, 1984.
DUFRESNE Claude, *Morny. L'homme du Second Empire*, Paris, Perrin, 1983.
FOUQUIÈRES André de, *Cinquante ans de panache*, Paris, Pierre Horay, 1951.
– , *Mon Paris et ses Parisiens*, Paris, Pierre Horay, 1953-1959.
GOUJON Jean-Paul, *Tes blessures sont plus douces que leurs caresses. Vie de Renée Vivien*, Paris, Régine Deforges, 1986.
GROTHE Gerda, *Le Duc de Morny*, Paris, Fayard, 1966.
KRISTEVA Julia, *Le Génie féminin : la vie, la folie, les mots*, t. III, *Colette*, Paris, Fayard, 2002.
LANOUX Armand, *Amours 1900*, Paris, Hachette, 1961.
LORRAIN Jean, *Modernités*, Paris, Giraud, 1885.
– , *Monsieur de Phocas* (1901), Paris, Flammarion, 2001.
– , *Poussières de Paris* (1902), Paris, Klincksieck, 2006.
– , *Fards et Poisons*, Paris, Ollendorff, 1903.
– , *La Ville empoisonnée*, Paris, Jean Crès, 1936.
– , *Une femme par jour* (1896), Paris, Christian Pirot, 1984.
LORENZ Paul, *Sapho 1900, Renée Vivien*, Paris, Julliard, 1977.
LOUŸS Pierre, *Les Chansons de Bilitis* (1894), Paris, Gallimard, 1990.
– , *Aphrodite. Mœurs antiques* (1896), Paris, Gallimard, 1992.
MENDÈS Catulle, *Méphistophéla, roman contemporain* (1890), Paris, Séguier, 1993.
PEYREFITTE Roger, *L'Exilé de Capri*, Paris, Flammarion, 1959.
PICHOIS Claude et BRUNET Alain, *Colette*, Paris, Éd. de Fallois, 1999.
POUGY Liane de, *Mes cahiers bleus*, Paris, Plon, 1977.
– , *Idylle saphique* (1901), Paris, Lattès, 1979.
RACHILDE, *La Marquise de Sade* (1887), Paris, Gallimard, 1996.
– , *Monsieur Vénus* (1884), Paris, Flammarion, 1977.
RAMBACH Marine, *Colette pure et impure : bataille pour la postérité d'un écrivain*, Paris, Éd. gaies et lesbiennes, 2004.

VIVIEN Renée, *Une femme m'apparut* (1905), Paris, Régine Deforges, 1977.
WILLY (Henry Gauthier-Villars), *Souvenirs littéraires... et autres*, Paris, Montaigne, 1925.
– , *Indiscrétions et commentaires sur les Claudine*, Paris, Blaizot, 1962.

Fonds d'archives consultés

Collection privée de Michel Rémy-Bieth.
Archives de la Société des amis de Colette.
Archives du Centre d'études Colette, conseil général de l'Yonne, Perrigny (Yonne).
Archives de la Bibliothèque nationale de France, Paris.
Archives Alain Brunet. Collection privée de Frédéric Maget.

Note sur les lettres

Les lettres qui composent ce recueil proviennent des collections suivantes :

Michel Rémy-Bieth : lettre de Missy à Willy, lettres 1, 2, 5, 6, 7, 8, 13, 14, 16, 18, 21, 22, 23, 26, 27, 28, 29, 30, 31, 32, 33, 34, 36, 37, 38, 39, 40, 41, 42, 43, 44, 45, 46, 48, 49, 51, 52, 54, 55, 57, 62, 63, 64, 65, 66, 67, 69, 70, 71, 73, 74, 75, 76, 77, 78, 79, 80, 83, 86, 87, 89, 90, 92, 96, 99, 100, 101, 102, 104, 107, 108, 110, 111, 112, 121, 122, 124, 127, 128, 129, 130, 132, 133, 135, 137, 139, 140, 141, 142.

Foulques de Jouvenel : lettres 95, 98, 144.

Frédéric Maget : lettres 19, 50, 117.

Bibliothèque nationale de France : lettres 4, 10, 17, 85.

Collections privées : lettres 3, 4, 9, 11, 12, 15, 20, 24, 35, 47, 53, 56, 58, 59, 60, 61, 68, 72, 81, 82, 84, 88, 91, 93, 94, 97, 103, 105, 106, 109, 113, 114, 115, 116, 118, 119, 120, 123, 125, 126, 131, 134, 136, 138, 143, 144, 145.

Remerciements

Nos remerciements vont tout d'abord à Michel Rémy-Bieth qui a bien voulu nous ouvrir son inestimable collection et sans qui cette édition n'aurait pu voir le jour.

Nous témoignons toute notre reconnaissance à la succession Colette qui a autorisé et encouragé notre projet : Anne de Jouvenel, Foulques de Jouvenel et Hugues de Jouvenel.

Nous avons une pensée particulière à la mémoire d'Alain Brunet et de Claude Pichois dont les nombreux travaux nous ont guidés tout au long de ce travail. Notre pensée va aussi à tous les collaborateurs de l'édition des *Œuvres* de Colette dans la « Bibliothèque de la Pléiade » et à l'irremplaçable Marguerite Boivin.

Nos remerciements vont également à : docteur Pascal Barbaste ; François Bellair-Dubas ; Chantal Bigot ; Gérard Bonal ; Pierrette Chêne, adjointe au directeur des Affaires culturelles du Conseil Général de l'Yonne ; Simone Delesalle-Rowlson ; docteur Christian Dubois ; Daniel Perroy, directeur des Affaires culturelles au Conseil Général de l'Yonne et François Soustre pour leur soutien et leurs conseils.

Nous tenons à exprimer ici notre gratitude à Hélène Fiamma, directrice littéraire aux éditions Flammarion, qui a accepté et défendu notre projet avec un enthousiasme sans faille. Nous n'oublions pas Pauline Kipfer, son assistante, pour sa disponibilité et sa patience qui ont été précieuses.

Enfin, nous remercions tous nos proches et notamment Laurent et Jean-François pour leur patience exemplaire.

Index

Table

Mise en page
PCA
44400 Rezé

CET OUVRAGE
A ÉTÉ ACHEVÉ D'IMPRIMER
SUR ROTO-PAGE
PAR L'IMPRIMERIE FLOCH
À MAYENNE EN AVRIL 2009

N° d'édition : L.01EHBN000291.N001. N° d'impression : 73622.
Dépôt légal : mai 2009.
(Imprimé en France)